Elisabeth Veit

Die Küche
Vietnams

- Über 70 Originalrezepte
- Gerichte der Garküche und der Königsküche
- Gaumenerlebnisse: bodenständig,
  fein oder raffiniert

AUGUSTUS

Inhalt

Abkürzungen

EL	= Esslöffel	ml	= Milliliter
TL	= Teelöffel	geh.	= gehäuft
Msp.	= Messerspitze	gestr.	= gestrichen
kg	= Kilogramm	TK	= Tiefkühl
g	= Gramm	cm	= Zentimeter
l	= Liter		

Vietnamesisch kochen

»Moì ông xoì Com« wünschen die Vietnamesen: »Lassen Sie sich den Reis schmecken.« Damit spielen sie auf den Hauptbestandteil ihrer exzellenten Küche an, auf »Com«, den Reis. Über 1000 Reissorten, -arten und -varietäten wachsen in Vietnam; dementsprechend sind die Zubereitungsmöglichkeiten überaus vielfältig.

Ob gekocht, gedämpft, gebraten, als knackige Ummantelung für raffinierte Happen oder als süßer Klebreis zubereitet – Reis ist ein kulinarisches Abenteuer. Sein an sich neutraler Geschmack eignet sich auf ideale Weise, um mit Lebensmitteln aller Art delikate Kombinationen einzugehen. Eier, Obst, Gemüse, Fleisch, Fisch und Meeresfrüchte, sie alle passen dazu und ermöglichen die unglaubliche Fülle an Gerichten.

Sogar Nudeln lassen sich aus Reis herstellen; diese so genannten Reisnudeln schmecken ebenso gut gekocht, gebraten oder frittiert oder einfach als Suppeneinlage. Auch Teigblätter lassen sich aus Reis herstellen. In die sehr dünnen Reisteigblätter oder hauchzarten Reispapiere werden knackige Gemüse eingerollt, pikant gewürzte Shrimps gewickelt und andere Köstlichkeiten eingeschlagen – die Liste ist endlos. In Vietnam kann man an 365 Tagen im Jahr Reis genießen, ohne ein Gericht zweimal verzehren zu müssen. Das erklärt, warum »essen« zwingend heißt »Reis essen«: »an Com«. Und eine »Mahlzeit« ist immer eine »Reismahlzeit«: »Bua Com«.

Die Hauptanbaugebiete von Reis liegen im Süden im Mekongdelta und im Norden im Deltabereich des Roten Flusses. Dennoch findet man über das ganze Land verteilt Reisfelder.

Leicht, mager und frisch

Vietnams Speisen sind fett- und kalorienarm, ihre Zubereitung ist vitamin- und mineralstoffschonend. Ihr Nährwert bleibt dank des kurzen Garens oder Dämpfens erhalten, ebenso wie die leuchtenden Farben von Gemüse und Kräutern. Rohe Sprossen, Frühlingszwiebeln und frische Kräuter sorgen für knackigen Biss. Frischen Geschmack bringen Zitronengras, Zitronen- oder Limettensaft, Ingwer und Kräuter, die die unterschiedlichsten Gerichte würzen und garnieren. Typisch für die vietnamesische Küche ist die Kombination von Rohem und Gekochtem wie zum Beispiel die Verbindung knackiger Nüsse und trockener Röstzwiebeln mit weichen Nudeln, gegartem Gemüse oder Tofu. Das auf dem Land so beliebte Schweinefleisch kommt in der gehobenen Küche nur als Füllung von Fischen oder Krebsen auf den Tisch, wobei gerade diese für uns ungewöhnliche Kombination von Fleisch und Fisch die vietnamesische Küche um eine weitere Facette bereichert. So verleihen winzige, kross ausgebratene Speckstückchen Muschel- und Shrimpsgerichten eine pikante Note. Speck lässt zudem Salate aller Art herzhafter schmecken.

*Klassisches und beschau-
liches Transportmittel.*

Essen und Erotik

Die Vietnamesen lieben knuspriges Gemüse und würzige Speisen. Auch mögen sie süß gewürzte Fleisch- und Fischgerichte, die dank dem oft verwendeten Palmzucker eine delikate Geschmacksnote erhalten. Ebenso wird Gemüse gern karamellisiert.

Essen ist bei den Vietnamesen Nahrungsaufnahme und Lebensgefühl zugleich. Die Köche richten die Speisen so verführerisch an, dass man unweigerlich Vergleiche zu ziehen versucht: So hüllen etwa durchsichtige Reisblätter ihren Inhalt ein und lassen ihn zugleich erahnen. Das Gleiche gilt für den »Ao Dai«, das traditionelle Gewand der Vietnamesinnen aus hauchdünnen Stoffen. So ist es nicht verwunderlich, dass Adjektive aus der Küchensprache wie »knusprig« und »würzig« durchaus auch auf attraktive Frauen bezogen werden. Und was die Franzosen zärtlich mit »faire l'amour« umschreiben, heißt in Vietnam »an nàm«, essen und schlafen.

Die vietnamesische Küche und ihre Nachbarn

In Vietnam treffen verschiedene Kochtraditionen aufeinander. Die Nachbarstaaten Thailand, Laos, Kambodscha und China haben die vietnamesische Küche nachhaltig beeinflusst. Auch Spuren der französischen Kolonialherren sind im kulinarischen Bereich noch deutlich zu sehen. Der Eigengeschmack der Lebensmittel steht im Vordergrund der vietnamesischen Küche, dank kurzer Garzeiten und ausgewählter Zubereitungsmethoden.

Asiatische Verwandtschaften

Auffällig in der vietnamesischen Küche ist der wesentlich sparsamere Umgang mit Öl und Zucker als es etwa in der chinesischen Küche üblich ist. Auch die in China beliebten angedickten Saucen und Suppen sind den Vietnamesen fremd. Sie schätzen dagegen das Geschirr des mongolischen Feuertopfes, in dem Suppen und Fondues auf den Tisch kommen. Ebenso stammen die mit raffinierten Füllungen versehenen, gedämpften Teigtaschen, die in China als »Dim sums« bekannt sind, aus dem nördlichen Nachbarstaat. Landeseigene Gerichte schmecken milder als thailändische und duften dank der reichlich auf den Gerichten liegenden Kräuter auch wesentlich aromatischer. Überhaupt ist der Kräuterverbrauch in der vietnamesischen Küche einmalig hoch. Gemeinsam mit der thailändischen Küche ist die große Vorliebe für frische Salate und Rohkost, ganz zu schweigen von dem fantasievoll geschnitzten Gemüse, das zur Dekoration der unterschiedlichsten Speisen verwendet wird. Wie auch in Thailand werden in Vietnam zahlreiche Dips mit Chilistreifen zu herzhaften Speisen gereicht. Während thailändische

Köche als Basis dieser Würzsaucen jedoch meist eine Mischung aus Sojasauce und Zitronensaft nehmen, wird in Vietnam vor allem Fischsauce gewählt.

Die aus Indien stammenden Currymischungen mit viel Gelbwurz sind im Land sehr beliebt. Die gehaltvollen Saucen mit Öl, Butterschmalz oder Sahne, wie sie in Nordindien üblich sind, lehnen die Vietnamesen allerdings ab. Auch Joghurt und Frischkäse gehören im Gegensatz zur indischen Küche nicht ins Vorratsregal. Dagegen finden sich in beiden Ländern auffällig viele Rezepte, welche die Anwendung von Kokosflocken, Kokoscreme oder Kokosmilch empfehlen, was durchaus nicht verwundert, denn die meisten Küstenregionen von diesem Teil der Erde stehen voller Kokospalmen.

Einfluss der ehemaligen Kolonialisten

Wie bereits erwähnt, ist der französische Einfluss auf die Küche Vietnams nicht zu übersehen, was sich unter anderem in der gemeinsamen Vorliebe für komplette Menüs zeigt. Dabei zählen vietnamesische Vorspeisen zu den wohlschmeckendsten und fantasiereichsten ganz Asiens. Für den Hauptgang werden die Fleischgerichte mariniert und im eigenen Sud geschmort; die Zubereitung mit Wein ist den Asiaten hingegen völlig fremd. Doch knuspriges Baguette, frische Hefeteilchen und zarte Croissants sind selbst in vielen vietnamesischen Dörfern erhältlich. So mancher isst zur morgendlichen Reisnudelsuppe am liebsten französisches Baguette. Es geht sogar so weit, dass vietnamesische Bäcker das Stangenbrot mit eigens importiertem Weizen nach französischem Rezept täglich frisch backen.

An Markttagen geht es hoch her: Die Bauern und Fischer bieten ihre Waren an, und dann beginnt erst einmal das Spiel mit dem Verhandeln ...

Die Anlehnung an Frankreich wird auch im Sprachgebrauch deutlich: Die vietnamesische Bezeichnung für Kuchen ist ein lustiges Beispiel dafür, denn aus »gâteau« wurde »ga tô«. Nicht zu vergessen sind karamellierte Speisen, wie sie bei den einstigen Kolonialherren so beliebt sind. Dabei beschränken sich die Vietnamesen keineswegs auf die »Crème au caramel«, sondern weiten die Anwendung auf Rippchen, Shrimps, Hähnchenkeulen, Wachteln oder ganze Enten aus, die mit Zucker beziehungsweise Honig karamellisiert und dadurch geschmacklich verfeinert werden. Falls Sie mal nach Vietnam reisen, sollten Sie nicht versäumen, auch die vietnamesischen Schweinefleischpasteten mit Zitronengras oder das mit asiatischem Sternanis und Gelbwurz gewürzte und geschmorte Rindfleisch à la Boeuf en daube zu probieren. Diese Kombinationen beweisen, dass die französische Küche mit der vietnamesischen eine gelungene Symbiose eingegangen ist.

Spezialitäten des Nordens

Die Suppentöpfe aus Hanoi sind auch außerhalb der Landesgrenzen berühmt. Für sie werden Fleisch und Knochen lange ausgekocht, wodurch die so zubereiteten Suppen und Saucen einen sehr intensiven Geschmack erlangen. An Festtagen dominieren Gerichte aus Rindfleisch, im Alltag findet man Gerichte mit Schweinefleisch und verschiedenen Arten von Geflügel. Das berühmteste Gericht Nordvietnams heißt »Rindfleisch auf siebenerlei Art«. Es besteht aus Rind in Essigbrühe, warmem Rindfleischsalat, Rinder-Speck-Spießchen, mit Tatar gefüllten Duftblättern, gegrilltem Filet mit Sesam, Rindfleischpastete und Brühe mit Rindfleischstreifen und Reisnudeln. Die gehaltvollen Nudelsuppen stammen ebenfalls aus dem Norden Vietnams. Auffällig ist, dass in nördlichen Regionen die chinesischen Soja- und Hoisinsaucen beim Würzen eine weitaus größere Rolle spielen als in der südlichen Landesküche. Auch Zucker oder Palmzucker würzen hier etliche Rezepte. Grundsätzlich sind die Gerichte im Norden des Landes einfach. Hanoi und seine Umgebung gibt sich bodenständiger als das schicke Saigon im Süden.

Die Kaiserküche von Hue

Die vietnamesische Haute Cuisine ist eine dezent schmeckende, sehr feine Küche aus der einstigen Metropole des Kaiserreichs Vietnam, die dank ihrer angenehm milden Würzung weltweit beliebt ist. Hier wird bei der Zubereitung an Chilischoten gespart, statt dessen werden cremige Saucen auf der Basis von mild schmeckendem Kokos gekocht. Gewürze werden grundsätzlich sehr sparsam eingesetzt, selbst der überall im Land beliebte Knoblauch muss sich vornehm zurückhalten. Die Speisen zeichnen sich durch ihr charakteristisches Eigenaroma aus, welches durch die sanfte Garmethode des Dämpfens erhalten bleibt. In Hue liegt zudem die Hochburg der dekorativen Küchenkunst: Hier widmen sich die Köche den Schnitzereien mit Gemüse. Geschickte Hände lassen aus Möhren Rosen erblühen, Frühlingszwiebeln und Chilischoten verwandeln sich zu Phantasieblumen und Gurkenstücke werden zu Blättern geschnitzt.

Spezialitäten des Südens

Die südliche Landesküche orientiert sich mehr an Thailand, Laos und Kambodscha, was sich in der häufigen Verwendung von vielen Kräutern, allen voran Minze und Koriandergrün, ausdrückt. Auch wird reichlich Zitronengras unter das gegarte Essen gemischt. Die tägliche Kost erhält durch jungen Ingwer und Galgant, scharfe Chilischoten und viel Knoblauch ihre würzig-pikante Note.

Dem gegenüber steht die Zubereitung mit den Produkten der Kokospalme. Viele Gerichte erhalten durch Kokos ihre zarte Sämigkeit, die als angenehmer Gegenpol zur Schärfe der Gewürze empfunden wird. So werden entweder Kokosraspeln mitgekocht, Kokosmilch als Garflüssigkeit für Fleisch und Fisch verwendet und Kokosflocken auf fertige Gemüsegerichte gestreut. Bei den Desserts reichert Kokoscreme viele süße Kreationen an.

Die Vorliebe für säuerliche und würzige Speisen mit Tamarinde stammt ebenfalls aus dem Süden des Landes.

Zu guter Letzt sei noch die unverwechselbare Shrimpspaste erwähnt, die beim Würzen von Fisch- und Fleischgerichten kulinarische Akzente setzt.

Feste und Festspeisen

Besondere Feste erfordern spezielle Speisen. Zum wichtigsten Fest des Jahres, zu »Têt Nguyên Dán« – vergleichbar mit unserem Silvesterfest – zu Beginn des ersten Mondmonats Ende Januar/Anfang Februar, finden aufwändige Vorbereitungen statt. Die Gräber der Ahnen, die Hausaltäre und die Eingangstüren der Häuser werden feierlich mit Blumen, Girlanden und Räucherstäbchen geschmückt. Mit den traditionellen Dekorationen sollen böse Geister für das kommende Jahr verbannt werden. »Têt« ist zudem der Anlass für den größten Festschmaus des Jahres. Schweine werden für das Festmahl geschlachtet, Hausfrauen bereiten Klebreiskuchen zu, die in Bananenblätter eingeschlagen werden. Dadurch nehmen die Reiskuchen die Farbe der Blätter an.

Erd- und Himmelskuchen

Zwei »Têt«-Kuchen sind seit Generationen Tradition: der viereckig geformte »Bánh Chung« und der runde »Bánh dày«. Der eckige wird aus Mungbohnen und Schweinefleisch zubereitet und symbolisiert die Erde mit den auf ihr lebenden Menschen. Der runde ist fleischlos und stellt den Himmel dar. Für beide Kuchen werden Klebreis und grüne Mungbohnen separat über Nacht in dünnflüssiger Kokosmilch eingeweicht. Das Schweinefleisch für den eckigen Kuchen wird in Fischsauce mit grob zerstoßenem Pfeffer und gehackten Zwiebeln mariniert. Die Mungbohnen werden am nächsten Morgen gekocht und püriert und anschließend mit dem abgetropften Reis und dem Fleisch auf eingeölte Bananenblätter geschichtet, in der Abfolge Reis, Püree, Fleisch, dann wieder Püree und nochmals Reis.

Die Bananenblätter können bei uns durch Alufolie ersetzt werden. Der runde Kuchen von 15 Zentimeter Durchmesser enthält nur eine Mungbohnenfüllung. Die eingewickelten Päckchen garen dann festverschlossen zwei Stunden in leise kochendem Wasser oder im Dampf. Diese besonderen Klebreiskuchen werden kalt mit etwas flüssigem Honig aufgetischt. Das Rezept für die vegetarischen Mungbohnenbällchen von Seite 66 in diesem Buch ist eine moderne Variante der klassischen Zubereitung.

Die strenge konfuzianische Lehre hält glücklicherweise nicht vom guten Essen ab.

Die Menüabfolge

Wie in anderen Ländern auch, unterscheidet sich in Vietnam ein festliches Menü vom einem alltäglichen. Das festliche Menü wird mit den Vorspeisen eröffnet. Anschließend folgen zeitgleich alle Hauptgerichte, selbst die Suppe bildet keinen separaten Gang. Dabei kommt der mit Gemüse oder Eierstreifen gebratene Reis erst zum Schluss, direkt vor den Desserts. Im Alltag kann eine Nudelsuppe oder ein kleiner gefüllter Pfannkuchen die Speisenfolge eröffnen, gefolgt von einem Gemüsegericht der Saison mit frittiertem oder gedämpftem Tofu. Dazu wird je nach Region ein Schweinefleisch- oder Fischgericht gereicht. Als Dessert gibt es meist frisches Obst.

Wenn Sie aus den Rezepten dieses Buches ein Festmahl zusammenstellen wollen, dann können Sie beispielsweise als Auftakt gedämpfte Teigtaschen, Spargelsuppe mit Krebs oder einen Salat mit Fleisch zubereiten. Kochen Sie dazu frisches Gemüse in Kokosmilch, und präsentieren Sie Ihren Gästen als kulinarischen Höhepunkt eine gefüllte Ente oder einen großen Kräuterfisch. Zum Abschluss des Menüs kann man Bananentörtchen oder Kokosschnitten und hausgemachtes Eis servieren.

Auf ein vietnamesisches Buffet gehören frittierte Frühlingsrollen und rohe Glücksrollen ebenso wie kalte Salate mit Fleisch oder Fisch. Als Fingerfood eignen sich Rippchen, Shrimpsfarce auf Zitronengras und Rinder-Speck-Spießchen. Ein brodelnder Suppentopf, gefüllte Krebse oder Zitronenhähnchen runden das Buffet ab. Zum Abschluss bietet sich Obst mit Kokossirup oder Fruchteis an.

Als klassisches Dessert werden in der Regel frische Früchte gereicht; davon bietet das Land eine köstliche Vielfalt mit unverwechselbaren Aromen.

Die Getränke

Ihren täglichen Flüssigkeitsbedarf decken die Vietnamesen tagsüber mit Kokoswasser aus frischen Kokosnüssen, oder sie gießen Minzblätter, Koriandersamen oder Zitronengras wie Tee mit heißem Wasser auf. Vor dem Essen reichen die Gastgeber Mineralwasser, Säfte, ein Glas Bier oder einen Weißwein. Zu den Mahlzeiten wird grundsätzlich nichts getrunken, weshalb es auch nicht verwundert, dass immer mindestens eine Suppe mitgereicht wird. Nach dem Mahl ist eine Tasse Tee, an Festtagen auch ein Gläschen Reisschnaps beliebt. Die Vietnamesen trinken grünen Tee ohne Milch, Zucker oder Zitrone. Auch Blütentee ist weit verbreitet. Getrocknete Jasmin-, Chrysanthemen- oder Lotusblüten werden dafür mit heißem Wasser aufgegossen. Welchen Stellenwert der Tee bei den Vietnamesen einnimmt, zeigt sich in der traditionellen Teezeremonie, die hohem Besuch zu Ehren zelebriert wird. Man nimmt das Getränk in kleinsten Schlucken zu sich, wie es die winzigen Teetassen von selbst suggerieren.

Die Franzosen führten während der Kolonialzeit als Menüabschluss Kaffee mit Kondensmilch ein: So wird auch heute noch kalte Kondensmilch zu einem Drittel in ein kleines Glas gefüllt, gut gezuckert, und darüber kommt dann heißer, starker Kaffee. Probieren Sie einmal das süße Getränk, das auch optisch einiges zu bieten hat.

Wok oder Pfanne

Das traditionelle Kochgeschirr Asiens ist der Wok. Hochwertige Exemplare bestehen aus Gusseisen oder Edelstahl. Sie sind innen rund und für die Herdplatte unten abgeflacht. Der runde Boden ermöglicht das schnelle Wenden und Rühren, auch Pfannenrühren genannt, von klein geschnittenen Zutaten. Sie werden von der heißen Mitte fortbewegt und braten demnach nicht zu lange, eine Voraussetzung für vietnamesische Speisen, die knackig und saftig zugleich sein sollen. Tischwoks mit Rechaud werden meist nicht ausreichend heiß, Elektrowoks sind etwas effektiver. Wer keinen Wok hat, kann eine schwere Pfanne mit höherem Rand oder eine große Kasserolle verwenden, auf jeden Fall zwingt das Interesse an der vietnamesischen Küche nicht zu Neuanschaffungen. Wichtiger als ein Wok ist die Art der Zubereitung. Braten Sie alle Lebensmittel unter ständigem Rühren kurz an,

Das Töpferhandwerk hat in Vietnam eine sehr alte Tradition. Bemerkenswert sind die kunstvollen Malereien, mit denen die Keramiken verziert werden.

und reduzieren Sie frühzeitig die Hitze. Die in diesem Buch angegebenen Gar- und Zubereitungszeiten sollten nicht überzogen werden.

Gewürze und Kräuter

Kaufen Sie möglichst alle Gewürze im Ganzen, und zerstoßen Sie sie in einem Mörser aus Stein oder Porzellan frisch vor der Zubereitung.

Gewürze wie Chilischoten, Knoblauch, Ingwer und Galgant sollen trocken und dunkel aufbewahrt werden, sie gehören auf keinen Fall in Plastikbeutel. Frische Kräuter, das A und O der vietnamesischen Küche, hält man sich am besten im Blumentopf auf der Fensterbank. Koriandergrün, asiatisches Basilikum und Schnittknoblauch erhalten Sie in asiatischen Lebensmittelgeschäften. Man verwendet sie frisch, da sie sich nicht zum Einfrieren oder Trocknen eignen.

Vorbereiten und kochen

Die meisten Zutaten für die Rezepte in diesem Buch gibt es in Supermärkten zu kaufen. Frische Kräuter, Ingwer, Galgant und Blattgemüse wie Pak-Choi kann man auf gut sortierten Wochenmärkten oder in asiatischen Lebensmittelgeschäften erwerben. In diesen Spezialläden erhalten Sie auch Soja- und Hoisinsauce, getrocknete Pilze, Reisnudeln und Reispapier. Gewürze sowie Öle bester Qualität findet man in Reformhäusern oder Bioläden.

Für fast alle vietnamesischen Gerichte müssen die Lebensmittel klein geschnitten werden, schließlich sollen die Zutaten auf Stäbchen in den Mund geführt werden, denn die Asiaten verwenden keine Messer bei Tisch. Getrocknete Zutaten werden, je nach

*Einkaufskörbe werden nach wie vor
über der Schulter getragen.*

Angabe unterschiedlich lang, vor dem Kochen eingeweicht. Reis- und Glasnudeln müssen separat blanchiert werden. Die längere Vorbereitungszeit wird dann aber meist mit kurzen Koch- oder Bratzeiten wieder ausgeglichen. Diese Technik ist nicht nur energiesparend, sondern vor allem vitaminschonend.

Würzigen Geschmack und zarte Konsistenz erhalten Fleisch, Fisch und Tofu durch das Marinieren in speziellen Saucen, Zitronensaft und Gewürzen. Je nach Konsistenz der Lebensmittel beträgt die Marinierzeit 30 Minuten bis zwei Stunden, in der die Würzstoffe im abgedeckten Geschirr bei Zimmertemperatur gut einwirken können. Vor der weiteren Verwendung der Lebensmittel muss die Marinade abtropfen.

Zum schnellen Anbraten bei hoher Temperatur verwenden vietnamesische Köche nur wenig Öl. Bei uns kann man geschmacksneutrales Sonnenblumen-, Raps- oder Distelöl dazu verwenden. Ihren betörendsten Duft entlockt man den Gewürzen, indem man sie als erstes in das heiße Öl gibt. Erst dann kommen die harten Gemüsesorten und das Fleisch hinzu. Weiches Gemüse folgt später. Fisch gart nur wenige Minuten in Flüssigkeit oder sogar nur auf Gemüse gelegt. Entscheidend sind das ständige Rühren der Lebensmittel und die kurzen Garzeiten, damit die Speisen knackig bleiben. Eine Alternative zum kurzen Anbraten ist das Schmoren. Rindfleischgerichte garen in Vietnam nach französischem Vorbild längere Zeit mit Gewürzen. Eine weitere Zubereitungsart ist das Frittieren, bei der mundgerecht zerkleinertes Gemüse, Fisch oder Tofu, nach Bedarf mariniert und in Teig beziehungsweise Kokosflocken getaucht, in heißem Fett schwimmend gebraten wird. Als Kochgeschirr zum Frittieren ist nicht unbedingt eine Fritteuse notwendig, ein Wok oder gar ein hoher Topf leisten ebenso gute Dienste. Fertig gegarte, knusprige Speisen holt man mit einem Sieblöffel heraus und legt sie zum Abtropfen auf Küchenkrepp. Als Gegenteil zum krossen Frittieren kann das sanfte Dämpfen angesehen werden. Diese vitaminschonendste Garmethode eignet sich für Teigtaschen, Fleisch- oder Fischbällchen, gefüllte Gemüseblätter, Fischfilets sowie Meeresfrüchte. Als Kochgeschirr dienen in Asien spezielle Bambuskörbe, doch mit einem Einsatz vom Dampftopf erzielt man ebenso gute Ergebnisse. Wer ein asiatisches Bambuskörbchen besitzt, stellt es in einen zu einem Drittel mit einem Zentimeter Wasser gefüllten Wok oder Kochtopf. Bei geschlossenem Körbchen können die Speisen dann im Dampf garen. Achten Sie darauf, dass sich die Lebensmittel nur im Dampf, nicht im kochenden Wasser befinden.

So, nach diesen vielen guten Ratschlägen sollten Sie sich einfach etwas Schönes zum Nachkochen aussuchen und das Essen in vollen Zügen genießen. Guten Appetit!

Warenkunde

Agar-Agar: Das pflanzliche Geliermittel wird aus Algen gewonnen, die getrocknet und pulverisiert werden. Als Ersatz können Johannisbrotkernmehl und Gelatine verwendet werden.

Bambussprossen: Die konisch geformten, gelben Sprossen einer Bambusstaude wachsen, ähnlich wie Spargel, aus unterirdischen Rhizomen. Rohe Sprosse enthalten giftiges Blausäureglykosid und müssen vorgekocht werden. Dabei vermindert sich auch ihr Gehalt an Bitterstoffen.

Basilikum: Die asiatischen Sorten sind nicht zu verwechseln mit dem italienischen Kraut! Süßliches, grünblättriges Basilikum schmeckt milder, das scharfe, rötliche würzt intensiver, Zitronenbasilikum duftet stark nach Zitrus. Da ihre ätherischen Öle und damit ihr Geschmack beim Zerkleinern verfliegen, sollten die Blätter nur frisch und im Ganzen verwendet werden. Die Blüten werden mitgegessen.

Bittergurken: Eine lange Gurkensorte mit warziger Haut und vielen Bitterstoffen, deren Gehalt sich beim Kochen verringert. Als Ersatz dienen feste, entkernte Gurken und Bittermelonen.

Bohnensauce: Diese dickflüssige Würzsauce wird aus fermentierten Sojabohnen hergestellt. Die gelbe Bohnensauce schmeckt salzig, die braune färbt die Gerichte ein. In Gläsern verschlossen, hält sich Bohnensauce wochenlang im Kühlschrank.

Cashewnüsse: Nierenförmige Früchte des ursprünglich in Südamerika beheimateten Nieren- oder Cashewbaums, die unter einer harten Schale nur einen Samen enthalten.

Chilischoten: Es gibt unzählige Chilisorten weltweit. Als Faustregel kann man sagen: Je kleiner, desto schärfer. Die Schärfe in Form des Alkaloids Capsaicin sitzt vor allem in den Samen und Scheidewänden der Früchte, die man je nach Bedarf entfernen kann. Im Ganzen mitgekochte Chilischoten würzen weniger intensiv. Vorsicht ist beim Waschen und Schneiden der Schoten geboten: Das Capsaicin brennt in den Augen und auf Schleimhäuten. Als Ersatz für frische Schoten dienen getrocknete Chilischoten, Chilipulver, Chiliöl. Wer es nicht so scharf mag, würzt mit Pfeffer und Paprikapulver. Chilischoten lassen sich gut einfrieren.

Duftblätter: Darunter sind natürliche, grüne Blätter zu verstehen, zum Beispiel die länglichen Pandanblätter der Schraubenpalme, die aromatisieren und als Hülle für gedämpfte Speisen dienen. Sie werden auch klein gehackt auf Speisen gestreut oder roh zu Suppen gegessen. Erhältlich sind sie in Asienläden.

Eiernudeln: Sie bestehen meist nur aus Weizenmehl und Wasser; die Eier werden oftmals durch gelbe Lebensmittelfarbe ersetzt. Die ursprünglich aus China stammenden, vorgekochten Eiernudeln sind in Vietnam sehr beliebt. Man lässt sie in reichlich Wasser einmal aufkochen und dann drei bis fünf Minuten ziehen.

Erdnüsse: Eine Hülsenfrucht, die unter der Erde wächst. Ungeschälte, ungesalzene Nüsse ohne braune Hülsen werden in einer Gewürzmühle oder im Mörser grob zerkleinert und eventuell trocken, das heißt ohne Fettzugabe in einer Pfanne geröstet. Aufgrund des hohen Fettgehaltes werden Erdnüsse ranzig.

Fischsauce: Das Nationalgewürz Vietnams »Nuoc Mam« bedeutet wörtlich übersetzt »Wasser von gesalzenem Fisch«. Fischsauce besteht aus »Mam«, Fischen, die sechs Monate in Holzfässern oder Tontöpfen in einer Salzlake eingelegt sind. Daraus wird eine klare, gelblich-braune Sauce gewonnen, die sehr eiweißreich ist; sie würzt Gemüse, Fisch und selbst Fleisch und dient als Salzersatz. Als Dip wird sie mit Reisessig, Zitronen- oder Limettensaft, Gewürzen und Kräutern verfeinert. Vegetarier ersetzen sie durch leicht gesalzene Sojasauce.

Frühlingszwiebelöl: Dieses würzige Öl kann man selbst herstellen. Dafür einen Bund Frühlingszwiebeln putzen und klein schneiden. 100 Milliliter Erdnussöl auf mittlerer Hitze erhitzen und die zerkleinerten Frühlingszwiebeln darin anbraten. Im Öl erkalten lassen und die Zwiebelstückchen herausnehmen. Das Öl gut gekühlt aufbewahren.

Fünf-Gewürze-Mischung: Die chinesische Gewürzmischung enthält gemahlenen Anis, Fenchel, schwarzen Pfeffer, Zimt und Ingwerpulver und schmeckt sehr intensiv.

Galgantwurzel: Die zart rosa gefärbte, unterirdisch wachsende Sprossachse (Rhizom) einer aus Südasien stammenden Staude erinnert an Ingwer. Das Gewürz färbt Haut und Stoffe. Vorsicht, Galgant darf nicht roh verzehrt werden. Als Ersatz dient eine Mischung aus geschälter, frisch zerkleinerter Ingwerwurzel und zerstoßenem Pfeffer.

Garnelen: Kleine Krustentiere mit weltwirtschaftlicher Bedeutung. In Norddeutschland werden sie auch Krabben genannt. Im Handel sind sie in verschiedenen Formen im Angebot: mit oder ohne Schale, Kopf und Darm sowie in verschiedenen Größen.

Gelbwurz (Curcuma): Die gelb färbende, unterirdisch wachsende, stärkereiche Sprossachse (Rhizom) einer aus Südasien stammenden Staude ist in gemahlenem Zustand ein Hauptbestandteil von Currymischungen. Gelbwurz schmeckt roh leicht bitter und aufgrund ihrer Verwandtschaft mit Ingwer auch scharf. Sie wird nur gekocht verzehrt. Vorsicht, Gelbwurz färbt Haut und Stoffe.

Glasnudeln: Fadendünne, geschmacksneutrale Nudeln aus Soja-, Kartoffel-, Reis- oder Mungbohnenstärke. Durch Einweichen in Wasser werden sie weich und glasig. Zum Frittieren legt man sie – ohne sie vorher zu kochen oder einzuweichen – in heißes Öl.

Hoisinsauce: Die chinesische Fertigsauce besteht aus Süßkartoffeln, Zucker, Salz, Sojabohnen, Knoblauch, Sesam, Chili und Essig. Sie ist zähflüssig und schmeckt süßsäuerlich. Hoisinsauce wird entweder zum Marinieren verwendet, als Würze mitgekocht oder als Dip mit Zitronensaft und Brühe verdünnt.

Ingwerwurzel: Ingwer ist eine gelblich bis hellbraune, unterirdisch wachsende Sprossachse (Rhizom) einer aus Südasien stammenden Staude. Je frischer sie ist, umso schärfer und würziger schmeckt sie. Junge Exemplare sind außen hellgelb und werden nur abgezogen. Älterer, brauner Ingwer muss geschält werden. Bei Erkältungskrankheiten und Magenbeschwerden hilft Ingwertee.

Kardamom: Diese grünen Kapseln mit winzigen Samen stammen von einer schilfartigen Pflanze aus den Bergwäldern Indiens. Ihr scharfer Geschmack kommt in Schmorgerichten gut zur Geltung. Ungekocht erinnert sie an Eukalyptus.

Klebreis: Stärkehaltige, rundkörnige Reissorte, die gerne für Desserts, als Umhüllung für pikante Bällchen oder als Saucenbegleiter verwendet wird. In Wasser gekocht, ergibt er eine schnittfähige Masse.

Kokoscreme: Diese sehr fetthaltige, süße Fertigpaste gibt es als Block zu kaufen. Kokoscreme wird in der vietnamesischen Küche hauptsächlich für Desserts verwendet. Zum Aromatisieren von Gerichten sollte sie sparsam verwendet werden.

Kokosmilch: Sie wird aus dem Fruchtfleisch der Kokosnuss gewonnen. Bei uns ist sie in Dosen erhältlich. Da sich der fetthaltige Teil vom Wasser absetzt, sollte sie vor Gebrauch gut umgerührt werden. Man kann den festen Milchanteil statt Kokospaste verwenden. In einer Sauce mitgegart, bleibt Kokosmilch weißlich. Etwa zehn Minuten allein stark erhitzt, verwandelt sie sich in durchsichtiges Öl, das sich gut zum Braten eignet.

Kokosöl oder -fett: Hoch erhitzbares Fett, ideal zum Braten; bei Zimmertemperatur erstarrt es und wird weiß.

Kokospaste: Kann man selbst herstellen. Für 300 Gramm Kokospaste zerkleinert man 100 Gramm weißes Kokosfleisch (Kopra) mit 200 Milliliter warmem Wasser im Elektrohacker. Ausgedrückt erhält man dicke Kokosmilch. Die Paste lässt sich gut einfrieren.

Koriandergrün: Der intensive, sehr eigene Duft der »chinesischen Petersilie« gleicht nicht dem Geschmack der Koriandersamen. Beim Zerkleinern der Blätter verfliegen die ätherischen Öle und damit der Geschmack, weshalb sie sich nicht zum Mitkochen oder Trocknen eignen; der Qualitätsverlust wäre enorm.

Koriandersamen: Runde, braune Samen einer einjährigen Gewürzpflanze, die man im Ganzen oder gemahlen mitkochen lässt. Sie schmecken süßlich und ein wenig scharf. Aus den Samen kann man Koriandergrün ziehen.

Lotussamen: Getrocknete, erdnussgroße Samen einer Wasserlilie. Kandiert oder in Zuckersirup eingelegt, sind sie beliebt als Knabberei; sie werden auch auf Speisen gestreut oder mitgekocht.

Minze: Die rote Sorte schmeckt und riecht intensiver als die grüne Pfefferminze. Roh werden die ganzen Blätter auf fertige Gerichte gestreut. Minze und Koriandergrün passen geschmacklich gut zueinander, weshalb sie oft gemischt werden.

Morcheln, getrocknete: Die drei bis fünf Zentimeter langen, dicken Pilze müssen vor der Verwendung gründlich gewaschen und in heißem Wasser eingeweicht werden. Sie behalten selbst beim Kochen ihren angenehmen Biss.

Mu-Err-Pilze: Werden auch schwarze Pilze, Baumohr-, Wolkenohrpilze genannt und sind Verwandte des europäischen Judasohres. Im Handel sind getrocknete Exemplare erhältlich. Die stark gekräuselten Pilze müssen vor dem Garen eingeweicht werden, dabei vergrößern sie sich. Sie werden trocken aufbewahrt.

Mungbohnen: Grüne, stärkehaltige Hülsenfrüchte, die geschält und halbiert gelb aussehen. Aus ihnen werden – nach drei bis vier Tagen – die beliebten Sojasprossen gekeimt.

Pak Choi: Pak Choi oder chinesischer Senfkohl ist eine längliche Kohlart, die aufgrund ihrer breiten, weißen Stiele als Blattstielgemüse bezeichnet wird. Sie ähnelt in Aussehen und Geschmack dem Mangold, weist aber eine leichte Schärfe auf. Als Ersatz dient grünweißer Stielmangold.

Reis: Das Grundnahrungsmittel Nummer eins in Asien. Vor allem Langkornreis mit Fischsauce ist in Vietnam sehr beliebt. Im Land gekaufter Reis sollte ausgiebig gewaschen werden, da er direkt auf oder neben Straßen zum Trocknen und Dreschen ausliegt. Auch das Reismehl muss gewaschen werden. Er wird in eineinhalbfacher Menge Wasser zunächst offen fünf Minuten gekocht und gart dann abgedeckt 15 Minuten bei niedriger Temperatur.

Reis, grüner: Eine vietnamesische Besonderheit sind junge, noch nicht ausgereifte Reiskörner, die als grüner Reis auf den Markt kommen. Die flach geklopften, an Haferflocken erinnernden Körner werden in wenig Öl angebraten. Mit etwas Wasser abgelöscht sollten sie dann in drei bis fünf Minuten garen.

Reisblätter: Diese asiatische Spezialität kann man mittlerweile auch hier aus Asienläden beziehen.

Ein aus Bruchreis gekochter Brei wird dünn ausgerollt, auf Herdplatten ähnlich wie Crêpes gebacken und anschließend zu Reispapier getrocknet. Die im Durchmesser 15 bis 30 Zentimeter großen Reisblätter werden vor der Zubereitung einzeln in warmes Wasser getaucht. Vorsicht: Sie lösen sich schnell auf. Gefüllte Reispapierrollen hält man unter einem feuchten Tuch frisch. Sie werden kalt gegessen, gedämpft oder frittiert. In Vietnam sind Speisen sehr beliebt, die man bei Tisch in Reispapier einschlägt und mit der Hand isst.

Reisessig: Dieser sehr milde, süßlich schmeckende Essig wird aus Langkornreis gewonnen. Er ist ebenfalls in Asienläden zu bekommen. Als Ersatz dient milder Weißweinessig.

Reisnudeln: Aus Reismehl und Wasser hergestellte Nudeln, die ungekocht fast durchsichtig, gekocht ganz weiß aussehen. Man weicht sie in heißem Wasser ein und verwendet sie als Suppeneinlage oder in gebratenen Gerichten mit Gemüse, Tofu, Geflügel oder Shrimps.

Palmzucker: Aus dem Saft von Kokospalmen gewonnener klebriger, brauner Zucker, der geschmacklich an Karamell erinnert. Als Ersatz dient brauner Rohrzucker.

Röstzwiebeln: Trockene, braun geröstete Zwiebelstückchen, leicht selbst herzustellen oder als Fertigprodukt zu kaufen.

Schnittknoblauch: Wird auch Chinese chive genannt. Nach Knoblauch riechende und schmeckende schmale, sehr lange Lauchsorte mit hellen, essbaren Blüten.

Sesam: Kleine Samen einer krautigen Ölsaatpflanze, die auf Salate und gekochte Speisen, etwa Reis, zur Dekoration und Geschmacksgebung gestreut werden. Ohne Fettzugabe in der Pfanne geröstet, intensiviert sich ihr nussiger Geschmack.

Sesamöl: Aromatisches, dunkles Öl aus geschrotetem, geröstetem Sesam, das zum Aromatisieren nach dem Kochen oder Braten auf Speisen geträufelt wird. Geschmacklich erinnert es an Nüsse. Dieses Sesamöl ist nicht identisch mit kalt gepresstem Sesamöl!

Shrimps: Bezeichnung für kleine Krabben.

Shrimps, getrocknete: Im Ganzen oder zermahlene Shrimps, die in Asien zum Würzen verwendet werden. Sie schmecken salzig.

Heiß einweichen und das Wasser eventuell mitverwenden.

Shrimpspaste: Diese würzige Fertigpaste, auch Garnelenpaste genannt, wird aus fermentierten, zermahlenen Shrimps hergestellt und dient zum Würzen von Gemüse-, Fleisch- und Fischgerichten. Ersatzweise kann Sardellenpaste verwendet werden, diese ist jedoch in der Regel salzhaltiger. Verwenden Sie Shrimpspaste sparsam, da sie sehr intensiv schmeckt.

Sojabohnensprossen: Aus Soja- oder Mungbohnen gezogene, vitaminreiche Sprossen, die in Vietnam ungekocht ins warme Essen oder auf Salat gestreut werden. Sie sind ein bis drei Tage haltbar. Verwenden Sie keine Dosenware!

Sojasauce: Die aus vergorenen Sojabohnen hergestellte Würzsauce ist angeblich die älteste ihrer Art. Die helle Variante würzt Geflügelfleisch und Fisch, die dunkle, intensiver schmeckende passt gut zu Rind oder Thunfisch. Wenn bereits gesalzene Sojasauce verwendet wird, ist das beim zusätzlichen Würzen mit Salz zu berücksichtigen. Dickflüssige Produkte enthalten Zucker und Malz; sie sind sparsam zu verwenden. Ist nichts anderes in den Rezepten dieses Buches vermerkt, nehmen Sie dünnflüssige, ungesalzene Sojasauce.

Sternanis: Sternenförmige, rotbraune Gewürzkapseln eines birkenartigen, immergrünen Baumes asiatischer Wälder mit sechs bis acht Samen. Da die Würzkraft nicht in den Samen, sondern im holzigen Gewebe sitzt, wird das Gewürz im Ganzen mitgekocht. Das Aroma erinnert an Anis.

Szechuanpfeffer: Die roten Beeren eines Gelbholzbaumes schmecken scharf und erinnern an Anis. Die Beeren werden unmittelbar vor dem Kochen im Mörser zerstoßen. Szechuanpfeffer ist eine pikante Alternative zu schwarzem Pfeffer oder Chilischoten.

Tamarinde: Tamarinden, auch Sauerdatteln genannt, stammen ursprünglich aus dem tropischen Afrika. Hauptanbaugebiet dieser Hülsenfrüchte ist Indien. Die Tamarindenfrüchte sind braune, bis zu 17 Zentimeter lange Hülsen, die ein braunes klebriges, süßsaures Fruchtmus, das Tamarindenmark, enthalten. Dieses wird meist in Wasser eingeweicht und ausgedrückt; je nach Rezept verwendet man das Mark oder nur das entstandene Tamarindenwasser. Tamarindenmark ist eingeschweißt in Asienläden zu bekommen. Als Ersatz kann Reisessig oder Zitronensaft verwendet werden.

Tofu: Der wichtigste Eiweißlieferant für Vegetarier fällt durch seine gesundheitlichen Vorzüge auf: Er ist sehr kalorienarm, cholesterinfrei und enthält viele Vitamine, Mineralstoffe und rein pflanzliches Eiweiß. Aus gequollenen Sojabohnen wird Sojamilch gepresst, die mit

Bittersalzen gerinnt. Die Masse wird in Blöcke gepresst. Tofu ist geschmacksneutral und hält sich ein bis drei Tage, täglich mit frischem Wasser begossen, im Kühlschrank.

Tonko Pilze: Bezeichnung für getrocknete Shiitakepilze, zu deutsch Baumpilze oder chinesische Champignons. Von den braunen, sehr aromatischen Trockenpilzen sind die dicken Exemplare mit zahlreichen Rissen auf dem Hut die besten. Man lässt sie in warmem Wasser aufquellen.

Wan tan: Dünne Teigblätter (10 x 10 Zentimeter) aus Weizenmehl, Wasser, Salz und Eiern für Zubereitung von gedämpften oder frittierten Teigtaschen. Bei uns sind sie als Tiefkühlware erhältlich. Sie werden angetaut und auf feuchten Tüchern verarbeitet.

Wasserkastanien: Die dunkelbraunen bis schwarzen, stärkereichen Knollen einer Wasserpflanze erinnern optisch an Kastanien, sind mit jenen jedoch nicht verwandt. Das Fruchtfleisch der Wasserkastanien ist knackig-fest, weiß und nahezu geschmacksneutral. In Europa sind sie geschält als Dosenware erhältlich. Man braust sie ab und begießt die Reste mit kaltem Wasser. In Scheiben geschnitten oder gestiftet werden sie kurz mitgegart.

Zitronengras: 20 bis 60 Zentimeter hohes, aromatisches Schilfgras mit intensivem Zitronengeschmack. Zum Kochen verwendet man nur die hellen, etwas dickeren Teile der Stängel. Selbst beim Einfrieren oder Trocknen bleibt das Aroma erhalten. Getrocknetes Zitronengras muss vor der Zubereitung eingeweicht werden. Flachgeklopft, würzt es intensiver.

Vorspeisen und Salate

Kross

Frühlingsrollen

Für 4 Portionen

Für den Dip
- 4 EL Fischsauce
- 1 EL Zitronensaft
- 1 Knoblauchzehe
- 1 Chilischote
- ein paar Blätter Koriander-grün

Für die Füllung
- 10 g Mu-Err-Pilze
- 50 g Sojabohnensprossen
- 4 Frühlingszwiebeln
- 1 Möhre
- 150 g geschälte Garnelen ohne Darm
- 150 g Hackfleisch vom Schwein
- 1 TL Erdnussöl
- Salz, Pfeffer
- 1 geh. EL Zitronenmelissen-blätter
- 16 kleine Reisblätter (Ø 15 cm)
- 200 ml Pflanzenöl

Frühlings- und Glücksrollen (Bild Seite 18 f.) gehören zu den bekanntesten Vorspeisen.

1. Für die Füllung die Mu-Err-Pilze 10 bis 15 Minuten in heißem Wasser einweichen.

2. Für den Dip Fischsauce und Zitronensaft verrühren. Nach Belieben würzen. Dazu die Knoblauchzehe abziehen und fein würfeln. Die Chili-schote waschen, Stielansatz abschneiden, Samen und Scheidewände herauskratzen und das Fruchtfleisch in Ringe schneiden. Die Korianderblät-ter waschen, trockenschwen-ken und abzupfen.

3. Die Mu-Err-Pilze abtropfen lassen, harte Stellen abbre-chen und die Pilze in dünne Streifen schneiden. Die Soja-bohnensprossen waschen und abtropfen. Die Frühlings-zwiebeln putzen und in Ringe schneiden. Die Möhre schaben und fein reiben.

4. Die Garnelen unter fließen-dem kaltem Wasser waschen. Das Hackfleisch mit einer Ga-bel auseinander ziehen. Das Öl erhitzen und die Garnelen und das Hackfleisch darin kurz anbraten. Das Gemüse 2 Minuten mitgaren, salzen, pfeffern und die Zitronen-melisse unterrühren.

5. Die Reisblätter einzeln in warmes Wasser tauchen und je 2 übereinander auf ein feuchtes Tuch legen. Je 2 gehäufte Esslöffel Füllung nebeneinander in die Mitte setzen. Die Blätter an den Querseiten über die Füllung schlagen und fest zu etwa 3 cm hohen und 10 bis 12 cm langen Rollen aufrollen.

6. Das Öl auf 180 °C erhitzen und die Rollen portionsweise darin schwimmend ausbacken, bis sie goldgelb sind. Den Dip separat zu den Frühlingsrollen servieren.

Zubereitungszeit:
50 Minuten

Tipp

Bereiten Sie die arbeits-intensiven Frühlingsrollen am Tag vor dem Essen zu, und legen Sie sie roh, in Folie verpackt, in den Kühl-schrank. Die Rollen können auch eingefroren werden. Besonders kross werden die Röllchen, wenn sie vor dem Frittieren mit Zucker-wasser beträufelt werden.

Raffiniert

Glücksrollen

Für 4 Portionen

- 50 g Blattspinat
- 1 Zwiebel
- 2 Stängel Staudensellerie
- 100 g Wasserkastanien (Dose)
- 1 Bund Koriandergrün
- 1 cm frische Ingwerwurzel
- 250 g Hähnchenfilet
- 1 TL Pflanzenöl
- 1 TL Sojasauce
- 8 kleine Reisblätter

1. Den Spinat waschen und verlesen. Die Zwiebel abziehen, den Staudensellerie putzen und beides in dünne Ringe schneiden. Die Wasserkastanien in Scheiben hobeln. Das Koriandergrün waschen, trockenschwenken und die Blätter abzupfen. Den Ingwer schälen und fein reiben.

2. Das Hähnchenfilet unter fließendem kaltem Wasser waschen, trockentupfen und in dünne Scheiben schneiden. Das Öl erhitzen und die Hähnchenscheiben darin 2 Minuten hell anbraten. Mit Ingwer und Sojasauce würzen. Zwiebel- und Sellerieringe zugeben und 2 Minuten mitgaren.

3. Die Reisblätter einzeln in warmes Wasser tauchen und zwischen nassen Geschirrtüchern feucht halten. Auf jedes Reisblatt ein paar Spinatblätter legen und darauf 2 gehäufte Esslöffel der Füllung nebeneinander setzen. Die Blätter an den Querseiten über die Füllung schlagen und fest aufrollen.

Zubereitungszeit:
60 Minuten

Pikant

Krebssalat mit Pomelo

Für 4 Portionen

Für den Salat
- 2 Pomelos
- 1 Bund Frühlingszwiebeln
- 1 Schmorgurke
- 1 Möhre
- 400 g ausgelöstes, gekochtes Krebsfleisch

Für die Vinaigrette
- 2 EL Fischsauce
- 1 EL Zitronensaft
- 1 EL Reisessig
- 1 geh. TL Palmzucker
- 1 Chilischote
- 1 Bund Minze

1. Die Pomelos schälen, von weißen Häuten befreien und die Fruchtsegmente einzeln freilegen. Die Frühlingszwiebeln putzen und in 5 mm dünne Ringe schneiden. Die Gurke schälen, halbieren, Samenstrang entfernen und das Fruchtfleisch in Scheiben hobeln. Die Möhre fein reiben.

2. Obst, Gemüse und Krebsfleisch mischen und auf einer Platte anrichten.

3. Fischsauce, Zitronensaft und Reisessig in einem Topf verrühren. Den Zucker einstreuen und unter Rühren bei geringer Hitze karamellisieren lassen. Die Chilischote waschen, halbieren, Stielansatz und Samen entfernen und das Fruchtfleisch in dünne Ringe schneiden. Die Minzeblättchen waschen. Chiliringe und Minzeblätter in die Vinaigrette rühren.

4. Die lauwarme Vinaigrette über den Salat träufeln und 30 Minuten ziehen lassen.

Zubereitungszeit:
40 Minuten
30 Minuten ziehen lassen

 **Knackig**

Salatrollen mit Orangendip

Für 4 Portionen

Für die Rollen
- 50 g dünne Reisnudeln
- 250 g Schweinefilet
- 1 Zwiebel
- ¼ Salatgurke
- 1 Chilischote
- 1 Bund Minze
- 8 große Salatblätter

Für den Orangendip
- 1 Knoblauchzehe
- 2 EL Fischsauce
- 6 EL frisch gepresster Orangensaft
- 1 geh. TL Palmzucker

1. Die Reisnudeln 2 Minuten in heißem Wasser einweichen und in einem Sieb abgießen. Mit einer Schere klein schneiden.

2. Das Fleisch von Sehnen befreien und in ganz feine Scheibchen schneiden. Die Zwiebel abziehen und fein würfeln. Die Gurke heiß waschen und in kleine, dünne Streifen schneiden. Die Chilischote waschen, Stielansatz abschneiden, Samen und Scheidewände herauskratzen und das Fruchtfleisch in Ringe schneiden. Die Minze waschen, trockenschwenken und die Blätter abzupfen.

3. Das Fleisch ohne Fettzugabe in einer beschichteten Pfanne rundum hell anbraten. Die Zwiebel unter Rühren 1 Minute mitbraten. Reisnudeln, Gurkenstreifen und Chiliringe unter das Fleisch mischen.

4. Die Salatblätter waschen, abtropfen lassen und dicke Rippen flach schneiden. Die Blätter kurz erst unter heißes, dann sofort in eiskaltes Wasser halten. So lassen sie sich besser rollen und bleiben leuchtend grün.

5. Auf jedes Salatblatt ein paar Minzeblätter legen und 2 Esslöffel Füllung nebeneinander aufsetzen. Die Blätter an den Seiten über die Füllung schlagen und parallel zur Hauptrippe aufrollen.

6. Für den Dip den Knoblauch abziehen und klein hacken. Fischsauce und Orangensaft erhitzen und den Zucker unter Rühren darin schmelzen. Den Knoblauch unterrühren. Zu den Salatrollen servieren.

Zubereitungszeit:
45 Minuten

Variante
Aus den gleichen Zutaten – ohne Reisnudeln – bereiten Vietnamesen einen Salat zu. Verwenden Sie dazu 1 Salatkopf, ½ Salatgurke und 1 grob geriebene Möhre. Der Dip wird zur Vinaigrette, indem noch etwas Sesamöl eingerührt wird.

Tipp

Besonders dekorativ sehen die Salatrollen aus, wenn sie mit Schnittlauch zusammengebunden werden.

Pikant

Karamellisierte Rippchen

Für 4 Portionen

Für die Marinade
- 100 g Palmzucker
- 2 EL Fischsauce
- 100 ml Fleischbrühe
- 2 Stängel Zitronengras
- 2 Knoblauchzehen
- grob zerstoßener schwarzer Pfeffer

Für die Rippchen
- 1 kg magere Schweinerippchen

1. Den Zucker bei schwacher Hitze schmelzen. Fischsauce und Fleischbrühe unter Rühren angießen und 1 bis 2 Minuten garen. Vorsicht: Heißer Karamell spritzt! Die Masse völlig erkalten lassen.

2. Vom Zitronengras jeweils die äußeren Blätter entfernen und nur den hellen Teil der Stängel in millimeterdünne Ringe schneiden. Den Knoblauch abziehen und durch eine Knoblauchpresse drücken. Zitronengras und Knoblauch in die Zuckermasse rühren und kräftig pfeffern.

3. Die Schweinerippchen abbrausen, trockentupfen und einzeln mit der Zuckermarinade einpinseln. Mindestens 60 Minuten marinieren.

4. Backofen vorheizen auf 200 °C (Gas Stufe 3–4, Umluft 180 °C).

5. Die Rippchen auf ein Backblech legen und auf der mittleren Schiene des Backofens 45 Minuten braten, dabei mehrfach mit der abtropfenden Zuckermasse bepinseln. Nach 20 Minuten wenden. Die letzten 5 Minuten Oberhitze anschalten; so werden die Rippchen kross.

Zubereitungszeit:
2 Stunden 20 Minuten

Variante
Die Rippchen lassen sich auch gut mit Honig karamellisieren. Sie benötigen dafür 8 Esslöffel Blütenhonig bei der gleichen Menge Flüssigkeit. Wer es ganz scharf mag, würzt statt mit Pfeffer mit klein gehackten roten Chilischoten.

Tipp

Lassen Sie sich die Rippchen einzeln vom Metzger zerhacken. Karamellisierte Schweinerippchen passen auf jedes Buffet. Dazu schmecken eingelegte Gemüse (siehe Seite 58), gehackte Frühlingszwiebeln oder in Eiswasser gelegte Rettichstreifen. Mit Chinakohl in frischer Ananas (siehe Seite 63) oder einem anderen vegetarischen Gericht wird aus den Rippchen eine ganze Mahlzeit.

Bodenständig

Salat mit Speck und Nüssen

Für 4 Portionen

Für den Salat
- 150 g durchwachsener, ungeräucherter Speck
- 1 geh. EL Paprikapulver
- 1 Friséesalat
- 30 g Rettichsprossen
- 2 kleine Zucchini
- 2 cm frische Ingwerwurzel
- 1 rote Zwiebel

Für die Vinaigrette
- 2 EL Reisessig
- 2 EL helle Sojasauce
- 2 EL Frühlingszwiebelöl
- 1 geh. TL Palmzucker
- 4 EL Erdnüsse

1. Den Speck in Streifchen schneiden, Knorpel und Schwarte entfernen und rundum in Paprikapulver wälzen. Ohne Fettzugabe in einer heißen Pfanne bei starker Hitze auslassen und kross braten.

2. Den Salat und die Sprossen waschen, die Salatblätter zerpflücken. Die Zucchini waschen und putzen, den Ingwer schälen und beides in kleine Stifte schneiden. Die Zwiebel abziehen und fein würfeln.

3. Für die Vinaigrette Essig, Sojasauce, Öl und Zucker miteinander verrühren. Die Salatzutaten vermischen und mit der Vinaigrette beträufeln.

4. Die Erdnüsse schälen und grob hacken. Über den Salat streuen.

Zubereitungszeit:
30 Minuten

Würzig

Bittergurkensalat

Für 4–6 Portionen

- 2 Bittergurken
- 1 rote Zwiebel
- 1 rote Paprikaschote
- 2 bis 3 cm frische Ingwerwurzel
- Salz, Pfeffer
- 3 Limetten
- 2 geh. EL heller Sesam

1. Die Gurken schälen und grob reiben. Die Zwiebel abziehen und in Ringe schneiden. Die Paprikaschote waschen und in dünne Streifen teilen. Den Ingwer schälen und feine Stifte schneiden.

2. Die vorbereiteten Zutaten in einer Schüssel mit einem Holzquirl drücken, bis Saft austritt. Mit Salz und Pfeffer würzen.

3. Die Limetten auspressen und über den Salat gießen. Den Sesam darüber streuen.

Zubereitungszeit:
30 Minuten

Tipp

Statt Bittergurken können auch nicht zu wasserhaltige Schmor- beziehungsweise Gärtnergurken, wie sie im Spätsommer oder Herbst angeboten werden, verwendet werden. Die Samen kratzt man am besten mit einem Löffel heraus.

Exklusiv

Shrimpsfarce auf Zitronengras

Für 4 Portionen

Für die Spieße
- 6 dicke Stängel Zitronengras
- 100 g durchwachsener, ungeräucherter Speck
- 400 g geschälte Shrimps ohne Darm
- 1 EL Fischsauce
- Salz, Pfeffer
- 1 Ei
- Mehl

Für den Tamarindendip
- 1 geh. TL Tamarindenmark
- 1 EL Fischsauce
- 1 gestr. TL Palmzucker
- 1 kleine Chilischote
- 1 cm frische Ingwerwurzel

Außerdem
- 12 große Salatblätter
- 1 Bund Minze
- 200 ml Pflanzenöl
- 12 kleine Reisblätter

1. Für den Dip das Tamarindenmark in 100 Milliliter warmem Wasser 30 Minuten einweichen, ausdrücken. Tamarindenwasser, Fischsauce und Zucker verrühren. Soll der Dip scharf werden, kann nach Belieben die Chilischote, geputzt und klein gehackt, und geschälter, in kleine Stifte geschnittener Ingwer untergemischt werden.

2. Vom Zitronengras jeweils das äußere Blatt entfernen. Die Stängel mit einem sehr scharfen Messer der Länge nach halbieren.

3. Den Speck klein würfeln. Shrimps und Speck 1 Minute in kochendem Salzwasser blanchieren, abtropfen lassen und im Mixer pürieren. Mit Fischsauce, Salz und Pfeffer

würzen. Das Ei unterrühren. Die Masse mit wenig Mehl zu einem festen Teig kneten. In 12 Portionen teilen und jeweils mit angefeuchteten Händen rund um das obere Drittel einer Zitronengrashälfte als eine Art Spieß formen und festdrücken.

4. Das Öl in einer großen Pfanne erhitzen und die Shrimpsspieße darin portionsweise hellbraun in 4 bis 5 Minuten ausbraten.

5. Salatblätter und Minze waschen, abtropfen lassen und die Minzblätter abzupfen. Trockene Reisblätter und Schalen mit warmem Wasser zum Eintauchen bereit stellen.

Zubereitungszeit:
40 Minuten

Tipp

Bei Tisch wird 1 Reisblatt kurz in eine Schale mit warmem Wasser getaucht und dann mit 1 Salatblatt und mehreren Minzblättern belegt. Darin wickelt man etwas abgelöste Shrimpsfarce ein und isst den Happen aus der Hand. Als traditionelle Beilage wird Erdnusssauce (siehe Seite 38) dazu serviert.

Raffiniert

Frittierte Garnelen im Kokosmantel

Für 4 Portionen

Für den Tomatendip
- 2 Frühlingszwiebeln
- 1 Zitrone
- 4 EL Fischfond
- 2 EL Sojasauce
- 1 EL Tomatenmark

Für die Garnelen
- 12 große Garnelen in der Schale
- 2 Eier
- 2 Msp. Salz
- 4 EL Mehl
- 6 geh. EL Kokosraspeln

Außerdem
- 200 g Kokosfett oder 200 ml Pflanzenöl

1. Für den Dip die Frühlingszwiebeln waschen und in dünne Ringe schneiden. Die Zitrone auspressen. Fischfond, Sojasauce, Tomatenmark, Zitronensaft und Frühlingszwiebelringe verrühren.

2. Von den Garnelen den Kopf abdrehen und die Schale bis auf den Schwanzfächer entfernen. Den Rücken mit einem scharfen Messer 2 mm tief einschneiden und den dunklen Darm herausziehen. Die Garnelen kalt abbrausen.

3. Die Eier mit dem Salz verschlagen. Die feuchten Garnelen am Schwanzende festhalten und nacheinander in Mehl, Ei und Kokosraspeln wälzen.

4. Das Fett auf 180 °C erhitzen und die Garnelen darin in 2 Portionen schwimmend in 2 bis 3 Minuten frittieren. Dabei darauf achten, dass sie nicht aneinander backen. Noch heiß mit dem Dip servieren.

Zubereitungszeit:
30 Minuten

Variante
Auf die gleiche Art können Sie frisches Gemüse frittieren. Frühlingszwiebeln, Zucchini-, Auberginen-, Kartoffel- und Möhrenscheiben, Spargel, kleine Maiskölbchen eignen sich bestens.

Deftig

Salat mit Schwein und Shrimps

Für 4–6 Portionen

Für den Salat
- 1 Kopfsalat
- 1 Eichblattsalat
- 1 Bund Minze
- 1 Bund Frühlingszwiebeln
- ¼ Salatgurke
- 200 g geschälte Shrimps
- 200 g Hackfleisch vom Schwein

Für die Vinaigrette
- 1 EL Fischsauce
- 2 EL helle Sojasauce
- 2 EL Zitronensaft
- 1 bis 2 Chilischoten
- 2 cm frische Ingwerwurzel
- einige Tropfen Sesamöl

Außerdem
- 2 geh. EL Cashewnüsse

1. Die Salate und die Minze waschen und abtropfen lassen. Die Salatblätter in mundgerechte Stücke zupfen, die Rippen entfernen, die Minzeblätter abzupfen. Die Frühlingszwiebeln putzen und in 3 cm lange Stücke teilen, dickere längs halbieren. Die Gurke heiß abwaschen, nicht schälen und in kleine, dünne Streifen schneiden. Die Zutaten mischen.

2. Für die Vinaigrette Fisch- und Sojasauce und Zitronensaft verrühren und dabei einige Esslöffel von dem Fleischwasser zugeben. Die Chilischoten waschen, Stielansätze, Scheidewände und Samen entfernen und das Fruchtfleisch klein hacken. Die Ingwerwurzel schälen und fein reiben. Beides in die Vinaigrette geben und diese mit wenigen Tropfen Sesamöl aromatisieren. Die Cashewnüsse grob im Mörser zerstoßen.

3. Die Shrimps kalt abbrausen. Das Hackfleisch zweimal durch die feine Scheibe des Fleischwolfes drehen, mit einer Gabel auseinanderzupfen und in wenigen Esslöffeln Wasser 2 bis 3 Minuten kochen. Das Fleisch aus dem Wasser nehmen und warm mit den Shrimps mischen.

4. Die Salat- und Minzeblätter auf einer flachen Platte anrichten und die Schweine-Shrimps-Masse mittig aufsetzen. Die Vinaigrette darüber gießen und mit Cashewnüssen garnieren.

Zubereitungszeit: 30 Minuten

Variante
Statt Shrimps können Sie mit dem Hackfleisch auch ausgelöstes Krebsfleisch oder in Ringe geschnittene und gegarte Tintenfischtuben mischen. Die Kombination ist sicherlich gewöhnungsbedürftig, doch Liebhabern vietnamesischer Küche schmeckt sie vorzüglich.

> **Tipp**
>
> Vietnamesische Köche machen Salate nicht mit viel Öl an, häufig fehlt es sogar ganz. Wer jedoch darauf nicht verzichten möchte, sollte 2 Esslöffel Sonnenblumen- oder Distelöl verwenden. Sesamöl ist geschmacksintensiv und eignet sich eher zum Aromatisieren.

Würzig

Hühnchensalat mit Weißkohl

Für 2–4 Portionen

Für den Salat
- 1 ausgelöste Hühnerbrust
- ½ l Geflügelbrühe
- ½ Weißkohl
- 1 geh. TL Salz
- 1 Möhre
- 2 Stängel Staudensellerie
- 50 g Sojabohnensprossen
- 1 Bund Zitronenmelisse

Für die Vinaigrette
- 2 Knoblauchzehen
- 2 cm frische Ingwerwurzel
- 2 EL Limettensaft
- 2 EL Pflanzenöl
- 1 geh. TL Palmzucker

Außerdem
- 2 geh. EL gehackte Erdnüsse

1. Die Hähnchenbrust kalt abbrausen, trockentupfen und in dünne Scheiben schneiden. In der Brühe weich kochen, den Topf beiseite ziehen und das Fleisch in der Brühe liegen lassen.

2. Den Weißkohl dünn hobeln, salzen und stampfen. Den Saft abgießen und aufbewahren. Möhre und Staudensellerie putzen und in dünne Scheiben schneiden. Sojabohnensprossen und Zitronenmelisse abbrausen, trockenschwenken, die Melissenblätter abzupfen. Alle Salatzutaten mischen.

3. Für die Vinaigrette Knoblauch abziehen, Ingwer schälen und beides zusammen durch eine Knoblauchpresse drücken. Limettensaft, Öl, Kohlsaft und 2 bis 4 Esslöffel Brühe verrühren, Knoblauch, Ingwer und Zucker unterrühren, bis sich der Zucker aufgelöst hat. Die Vinaigrette über den Salat gießen, 30 Minuten ziehen lassen.

4. Den durchgezogenen Salat mit Erdnüssen bestreuen und servieren.

Zubereitungszeit:
45 Minuten

Variante
Sie können den Salat auch mit Rotkohl anmachen. Außerhalb der Winterzeit eignet sich Chinakohl am besten; dieser wird jedoch nicht gestampft. Vegetarier ersetzen das Hühnerfleisch durch geräucherten, klein gewürfelten Tofu. Süße Zungen streuen 2 Esslöffel Rosinen über den Salat.

Tipp

Wem die Vinaigrette nicht kräftig genug schmeckt, gibt noch 1 bis 2 Esslöffel Sojasauce zu. Wer keinen Knoblauch mag, ersetzt ihn durch 1 rote fein gehobelte Zwiebel.

Pikant

Glasnudelsalat mit Krebsfleisch

Für 2–4 Portionen

Für den Salat
- 100 g Glasnudeln
- 70 g weißer Speck
- 1 geh. EL heller Sesam
- 200 g ausgelöstes Krebsfleisch
- 100 g frische Champignons
- 1 Bund Minze

Für die Vinaigrette
- 1 rote Chilischote
- 4 EL frisch gepresster Orangensaft
- 1 bis 2 EL Pflanzenöl
- 1 EL Reisessig

1. Die Glasnudeln in heißem Wasser 30 Minuten einweichen, abgießen und in kürzere Stücke schneiden.

2. Den Speck in sehr kleine Streifen schneiden, in einer bereits erhitzten Pfanne auslassen und kross braten. Sesam unter Rühren 1 Minute mitbraten. Das Fett abgießen und die Mischung abkühlen lassen.

3. Das Krebsfleisch mit einer Gabel auseinander zupfen. Die Champignons trocken putzen und in hauchdünne Scheiben hobeln. Die Minze abbrausen, trockenschwenken, die Blätter abzupfen und in Streifen schneiden. Alle Salatzutaten vermengen.

4. Für die Vinaigrette die Chilischote waschen, halbieren, Stielansatz, Samen und Scheidewände entfernen und das Fruchtfleisch in dünne Streifchen schneiden. Orangensaft, Öl und Reisessig verrühren und die Chilistreifen untermischen. Die Vinaigrette über den Salat geben.

Zubereitungszeit:
20 Minuten
30 Minuten einweichen

Variante
Bereiten Sie den Glasnudelsalat auch einmal mit ausgelösten Shrimps oder gekochtem Hühnerfleisch zu. Vegetarier nehmen klein geschnittenen Tofu oder reichern den Salat mit Gemüse an: In Würfel geschnittene Tomaten oder rote Paprikaschoten, Gurken und Zucchini bieten sich an.

Tipp

Der Glasnudelsalat mit Krebsfleisch schmeckt hervorragend, wenn er mindestens 30 Minuten gezogen hat; dann haben sich die Aromen entfaltet und miteinander verbunden. Dieser Salat ist ein ideales Gericht für warme Sommertage.

Exklusiv

Gedämpfte Teigtaschen

Für 4 Portionen

Für die Teigtaschen
- 4 getrocknete Morcheln
- 16 bis 20 Wan-tan-Blätter TK (circa 8 x 8 cm)
- 2 Schalotten
- 2 cm frische Ingwerwurzel
- 1 Bund Koriandergrün
- 200 g Hackfleisch vom Schwein

Für den Dip
- 2 Knoblauchzehen
- 1 rote Chilischote
- 2 Fleischtomaten
- 2 geh. EL heller Sesam
- 1 EL Zitronensaft

Außerdem
- 2 Eiweiß

1. Die Morcheln 2 Stunden in heißem Wasser einweichen. Morcheln ausdrücken und unter fließendem Wasser spülen. Die Pilze in Streifen schneiden.

2. Für den Dip den Knoblauch abziehen und fein hacken Die Chilischote waschen, Stielansatz entfernen, Samen und Scheidewände herauskratzen und das Fruchtfleisch in Ringe schneiden. Die Tomaten mit kochendem Wasser überbrühen und abziehen, die Stielansätze entfernen und das Fruchtfleisch würfeln. Den Sesam ohne Fettzugabe in einer Pfanne unter Rühren 1 Minute rösten, Chiliringe und Knoblauchwürfel zugeben und sofort mit Zitronensaft ablöschen. Die Tomaten zufügen. Alles 2 Minuten garen; der Dip soll sämig werden.

3. Die Wan-tan-Blätter auftauen und einzeln auf feuchten Geschirrhandtüchern ausbreiten. Vorsicht: Sie reißen leicht!

4. Schalotten abziehen, Ingwer schälen und beides klein hacken. Das Koriandergrün waschen, trockenschwenken und die Blätter fein hacken. Alles mitsamt dem Hackfleisch zu einem geschmeidigen Teig kneten, dabei nach

Bedarf 2 bis 3 Esslöffel gefiltertes Einweichwasser der Morcheln untermischen.

5. Jedes Teigblatt an den Rändern dünn mit Eiweiß bepinseln und je 1 gehäuften Teelöffel der Füllung aufsetzen. Die Teigblätter umschlagen und die Ränder fest drücken. Die Enden entgegengesetzt zusammendrehen, dabei nach oben biegen. Die Teigtäschchen nebeneinander in einen Bambuskorb setzen und, bis alle fertig sind, mit einem feuchten Tuch bedecken.

6. Einen Wok oder Topf 1 bis 2 cm mit Wasser füllen und aufkochen lassen. Den Bambuskorb aufsetzen, mit seinem Deckel verschließen und die Wan-tans 10 bis 12 Minuten dämpfen, bis der Teig weich ist. Sie dürfen nicht von dem sprudelnden Wasser berührt werden. Die Teigtaschen mit dem lauwarmen oder kühlen Dip servieren.

Zubereitungszeit:
40 Minuten
2 Stunden einweichen

 Exotisch

Frittierte Fischbällchen

Für 4 Portionen

Für die Fischbällchen
- 100 g gelbe Mungbohnen
- Salz, Pfeffer
- ½ TL gemahlener Koriander
- 250 g Rotbarschfilet
- 100 ml Kokosmilch
- 1 Bund Koriandergrün
- 1 Ei

Für den Hoisindip
- 1 kleine Möhre
- 2 gestr. EL Hoisinsauce
- 1 EL Sojasauce
- 100 ml Gemüsebrühe
- 3 EL frisch gepresster Orangensaft

Außerdem
- 200 ml Pflanzenöl

1. Die Mungbohnen mit Wasser bedecken und in 40 Minuten weich kochen. Mit Salz, Pfeffer und Koriander würzen.

2. Für den Dip die Möhre schaben und fein reiben. Hoisin- und Sojasauce, Gemüsebrühe und Orangensaft einmal aufkochen, 1 Esslöffel Möhrenraspeln unterrühren und die Sauce abkühlen lassen.

3. Den Fisch kalt abbrausen, trockentupfen und mit einer Gabel zerpflücken. Die Kokosmilch erwärmen und den Fisch bei schwacher Hitze darin 3 bis 5 Minuten garen, herausheben und abtropfen lassen. Das Koriandergrün waschen, trockenschwenken und in Streifen schneiden.

4. Mungbohnen und Fisch im Mixer pürieren. Das Koriandergrün untermischen. Die Masse mit dem Ei binden, sollte sie zu weich sein, etwas Mehl unterkneten. Aus der Masse walnussgroße Bällchen formen.

5. Das Öl auf 180 °C erhitzen und die Bällchen darin in 2 Portionen goldbraun in jeweils 5 Minuten ausbacken. Die Fischbällchen mit den restlichen Möhrenfäden garnieren und den Dip separat dazu servieren.

Zubereitungszeit:
60 Minuten

Variante
Für diese Fischbällchen eignet sich jeder Fisch. Kabeljau ist preiswert, Zander ist die Luxusvariante. Shrimps passen ebenfalls dazu und werden gern von Vietnamesen zu Fischbällchen verarbeitet. Vegetarier nehmen Tofu oder mischen die Mungbohnen mit gedünsteten Möhren beziehungsweise Kürbis im Herbst.

Raffiniert

Gefüllte Duftblätter

Für 4 Portionen

Für die Blätter
- 2 Schalotten
- 1 Knoblauchzehe
- 1 Stängel Zitronengras
- 200 g Tatar vom Rind
- Salz, Pfeffer
- ½ TL Fünf-Gewürze-Mischung
- 24 Duftblätter

Für den Chilidip
- 2 EL Fischsauce
- 4 EL frisch gepresster Orangensaft
- 100 ml Brühe
- 1 geh. TL Palmzucker
- 1 rote Chilischote
- ½ Eiszapfen

Außerdem
- 2 geh. EL heller Sesam

1. Schalotten und Knoblauch abziehen und sehr klein würfeln. Vom Zitronengras das äußere Blatt entfernen und nur den hellen Teil des Stängels klein hacken. Das Tatar mit den Schalotten-, Knoblauch- und Zitronengrasstücken vermischen. Mit Salz, Pfeffer und der Gewürzmischung würzen.

2. Jedes Duftblatt mit 1 gehäuften Teelöffel Füllung besetzen, die Seiten einschlagen und zu etwa 6 cm langen und 1 bis 1,5 cm hohen Röllchen aufrollen. Auf einen Bambuskorb legen.

3. Den Bambuskorb über kochendem Wasser mit seinem Deckel verschließen und die gefüllten Duftblätter 10 bis 12 Minuten dämpfen. Sie dürfen nicht von dem sprudelnden Wasser berührt werden.

4. Sesam ohne Fettzugabe in einer Pfanne anrösten und die Röllchen damit bestreuen.

5. Für den Dip Fischsauce, Orangensaft und Brühe einmal aufkochen und den Zucker unter Rühren darin auflösen. Chilischote waschen, Stielansatz abschneiden, Samen und Scheidewände herauskratzen und das Fruchtfleisch in dünne Ringe schneiden. Den Eiszapfen schälen und fein reiben. Ein paar Chiliringe und Eiszapfenfäden in die abgekühlte Sauce rühren. Die restlichen Chiliringe separat dazu reichen, die restlichen Eiszapfenfäden zum Garnieren verwenden.

Zubereitungszeit:
40 Minuten

Variante
Gefüllte Blätter schmecken als Hauptgericht auf gekochten Reisnudeln mit der süßlichen Chilisauce vermischt, und mit gehackten Erdnüssen und trockenen Röstzwiebeln bestreut, sehr gut.

> **Tipp**
>
> Als Ersatz für die nur in asiatischen Lebensmittelgeschäften erhältlichen Duftblätter bieten sich Weinblätter, Wirsing oder größere Spinatblätter an. Verwenden Sie dann zusätzlich frische Korianderblätter in der Füllung. Die aufgerollten Blätter essen sich leicht aus der Hand und passen auf jedes Buffet. Sind keine Eiszapfen auf dem Markt erhältlich, greifen Sie zu 4 bis 6 Radieschen.

Kross

Gegrillte Tintenfischtuben

Für 2–4 Portionen

- 8 kleine Tintenfischtuben ohne Tentakel

Für die Marinade
- 4 EL Sojasauce
- 2 EL Fischsauce
- 2 EL Zitronensaft
- einige Tropfen Sesamöl
- 1 Stängel Zitronengras

Für den Kokosdip
- 50 g Kokospaste
- 1 TL Zitronensaft
- 2 EL helle Sojasauce
- 1 Chilischote
- 2 Stängel Koriandergrün

1. Die Tintenfische innen und außen unter fließendem kaltem Wasser waschen, trockentupfen und in 1 cm breite Ringe schneiden.

2. Für die Marinade Sojasauce, Fischsauce und Zitronensaft mischen und mit Sesamöl aromatisieren. Vom Zitronengras das äußere Blatt entfernen und nur den hellen Teil des Stängels in millimeterfeine Streifen schneiden und unter die Marinade rühren. Den Tintenfisch mit der Marinade begießen und 2 Stunden ziehen lassen.

3. Für den Dip Kokospaste, Zitronensaft und Sojasauce verrühren. Die Chilischote waschen, Stielansatz, Samen und Scheidewände entfernen und das Fruchtfleisch klein hacken. Das Koriandergrün waschen, trockenschwenken und die Blätter klein schneiden. Beides in den Dip einrühren.

4. Den Backofen vorheizen auf 200 °C Oberhitze (Gas Stufe 3–4).

5. Den Tintenfisch aus der Marinade heben und abtropfen lassen. Auf zweitoberster Schiene im Backofen 10 Minuten grillen. Dabei mehrfach wenden und mit der Marinade bepinseln. Mit dem Dip servieren.

Zubereitungszeit:
30 Minuten
2 Stunden marinieren

Variante
Wer Fisch nicht schätzt, probiert das Gericht mit klein geschnittenem Hühnerfleisch oder Tofu. Auch Gemüsestücke ziehen in dieser Marinade und schmecken anschließend gegrillt lecker: Gut eignen sich dafür Zucchini, Möhren, Auberginen, Kartoffeln und dickere Zwiebelringe.

Tipp
Die Tintenfischstücke dürfen auch über Nacht in der Marinade ziehen. Je länger sie darin liegen, um so geschmacksintensiver wird das Gericht.

Bodenständig

Vegetarische Pfannkuchen

Für 2–4 Portionen

Für die Erdnusssauce
- 1 Zwiebel
- 1 cm frische Ingwerwurzel
- 1 rote Chilischote
- 1 Zitrone
- 8 geh. EL ungesalzene Erdnüsse
- 150 ml Gemüsebrühe

Für die Pfannkuchen
- 4 Eier
- 200 g Mehl
- 350 ml Wasser
- 2 Msp. Salz
- 50 g Sojabohnensprossen

Außerdem
- große Salatblätter
- 4 EL Pflanzenöl

1. Zwiebel abziehen, Ingwer schälen und beides fein hacken. Die Chilischote waschen, Stielansatz, Samen und Scheidewände entfernen und das Fruchtfleisch klein hacken. Die Zitrone auspressen. Die Erdnüsse im Mörser grob zerstoßen und ohne Fettzugabe in einer Pfanne anrösten. 2 Esslöffel davon herausnehmen und beiseite stellen. Zitronensaft und Brühe angießen. Zwiebel, Ingwer und Chiliwürfel zugeben und darin 10 Minuten bei geringer Hitze garen lassen. Die Sauce pürieren, in ein Schälchen gießen und die restlichen Erdnüsse darauf streuen.

2. Für die Pfannkuchen Eier, Mehl, Wasser und Salz zu einem glatten Teig verrühren. 30 Minuten kühl ruhen lassen. Die Sojabohnensprossen waschen und abtropfen lassen.

3. Die Salatblätter waschen, abtropfen lassen und in größere Stücke zupfen.

4. Um die Pfannkuchen zu backen je 1 Esslöffel Öl erhitzen und etwas Teig einfüllen, dabei die Pfanne schwenken, damit der Teig verlaufen kann. Die Pfannkuchen jeweils auf einer Seite anbacken bis diese glänzt, ein paar Sprossen auflegen und den Teig umklappen.

Zubereitungszeit:
50 Minuten

Variante
Pfannkuchen werden in Vietnam auch gern mit gehackten Frühlingszwiebeln, Garnelen oder magerem, zuvor gegrilltem Schweinefleisch zubereitet. Dies ist eine gute Möglichkeit, Reste zu verwerten.

Tipp

Interessant wird der Sprossenpfannkuchen, wenn es ans Essen geht: Sie schneiden ein Stückchen ab, wickeln es in ein Salatblatt, tunken den Bissen in die Erdnusssauce – und wohl bekomm's!

Würzig

Marinierte Fleischspieße

Für 2–4 Portionen

Für die Marinade
- 2 Knoblauchzehen
- 4 Schalotten
- 1 cm frische Galgantwurzel
- 1 gestr. TL Fünf-Gewürze-Mischung
- 2 EL Limettensaft
- 1 TL Sesamöl
- 4 EL Pflanzenöl

Für die Spieße
- 300 g Rinderfilet

Außerdem
- 16 Holzspießchen

1. Knoblauch und Schalotten abziehen und sehr fein würfeln. Galgant schälen und sehr fein hacken. Mit der Gewürzmischung, dem Limettensaft und den Ölen mischen.

2. Das Filet in dünne, lange Streifen schneiden. Je ein Fleischstück längs mehrfach mit einem Holzspieß durchbohren, so dass es ziehharmonikaartig aufgesteckt wird. Die Spieße in einer Schale mit der Marinade übergießen, zudecken und 1 bis 2 Stunden ziehen lassen.

3. Den Backofen vorheizen auf 200 °C Oberhitze (Gas Stufe 3–4).

4. Die Fleischspieße aus der Marinade nehmen, abtropfen lassen und auf ein Backblech legen. Dieses auf die obere Schiene im Backofen schieben. Die Spieße in 5 bis 8 Minuten braun grillen, dabei mehrfach wenden und immer wieder mit der Marinade bepinseln.

Zubereitungszeit:
25 Minuten
1 bis 2 Stunden ziehen lassen

Variante
Probieren Sie die Fleischspieße einmal mit Hühnerbrust oder klein geschnittenen Tintenfischtuben. Auch feste Stücke vom Fischfilet (Kabeljau, Goldbarsch) eignen sich zum Marinieren und Grillen.

Tipp

Zu diesen Fleischspießchen können Sie die in Vietnam so beliebte Erdnusssauce (siehe Seite 38) reichen; es passt aber auch jeder Dip auf der Basis von Fisch- oder Sojasauce dazu.

Suppen

Exklusiv

Rindfleisch in Essigbrühe

Für 4 Portionen

Für die Brühe
- 500 g Rinderfilet
- 2 Stängel Zitronengras
- 1 geh. TL grober Pfeffer
- 1 geh. TL Palmzucker
- 2 EL Sojasauce
- 1,5 l Fleischbrühe
- 50 ml Reisessig
- 2 Zwiebeln

Für den scharfen Zitronendip
- 1 Zitrone
- 3 EL Fischsauce
- 5 EL Sojasauce
- 1 rote Chilischote

Für den Beilagenteller
- 20 große Blätter Eissalat
- 1 Bund Minze
- 1 Bund Koriandergrün
- 100 g Sojabohnensprossen
- ½ Salatgurke
- 20 kleine Reisblätter
- 1 Zitrone

Die Rindfleischsuppe Hanoi ist eine aromatische Suppe (Bild Seite 40 f.), die mit typisch vietnamesischen Zutaten hergestellt wird.

1. Das Rinderfilet 30 Minuten im Eisfach anfrieren, um es besser schneiden zu können. Das Fleisch in hauchdünne Scheiben schneiden und in eine flache Form legen. Vom Zitronengras jeweils das äußere Blatt entfernen und nur den hellen Teil der Stängel in ganz dünne Ringe schneiden. Zitronengrasringe, Pfeffer, Palmzucker und Sojasauce über das Fleisch geben und dieses 2 Stunden marinieren.

2. Die Zitrone auspressen. Fisch- und Sojasauce zugießen und die Sauce mit 1 bis 2 Esslöffeln Wasser verdünnen. Die Chilischote waschen, Stielansatz abschneiden, Samen und Scheidewände herauskratzen, das Fruchtfleisch in Ringe schneiden und in die Sauce rühren.

3. Für den Beilagenteller Salat, Minze und Koriandergrün waschen, trockenschwenken. Große Salatblätter halbieren, Kräuterblätter abzupfen. Sprossen kalt abbrausen. Die Gurke heiß waschen und in kleine, dünne Streifen schneiden. Alles in dekorativen Häufchen mit einem Stapel Reisblätter auf einem großen Teller anrichten. Schalen mit warmem Wasser mit je 1 Zitronenscheibe bereitstellen.

4. Die Brühe mit dem Reisessig erhitzen. Die Zwiebeln abziehen und in dünne Ringe schneiden. Die Zwiebelringe in der Brühe kurz garen. Die Flüssigkeit in einen Fonduetopf umfüllen und auf einen Rechaud stellen, sie muss während des Essens heiß bleiben.

5. Das Fleisch aus der Marinade nehmen und abtropfen lassen. Bei Tisch das Fleisch nur 1 bis 2 Minuten in der Brühe garen. Währenddessen 1 Reisblatt im Zitronenwasser kurz eintauchen. 1 Salatblatt, Kräuter, Sprossen oder Gurkenstückchen und das Fleisch darauf legen, alles aufwickeln und in den Dip tauchen.

Zubereitungszeit:
45 Minuten
30 Minuten anfrieren
2 Stunden marinieren

Tipp

Vietnamesen essen das eingewickelte Rindfleisch mit der Hand wie Glücksrollen und trinken anschließend die Brühe. Liebhaber von Stäbchen werden es genießen, das Fleisch in die Brühe zu legen und wieder herauszufischen. Sie können es aber auch in Metallkörbchen in den Topf hängen.

Aromatisch

Rindfleischsuppe Hanoi

Für 4 Portionen

Für die Suppe
- 1 kg Rindermarkknochen
- 1 Zwiebel
- 3 Stängel Staudensellerie mit Grün
- 3 cm frische Ingwerwurzel
- 500 g Suppenfleisch vom Rind
- 1 Zimtstange
- 4 Sternanis
- 2 EL Fischsauce
- 2 EL Sojasauce
- 1 EL Palmzucker
- 1 geh. TL ganze Pfefferkörner
- 100 g dünne Reisnudeln
- 200 g Rinderfilet
- 2 Frühlingszwiebeln
- 50 g Sojabohnensprossen

Außerdem
- 1 Bund Minze
- 1 Bund asiatisches Basilikum
- 2 Zitronen
- 1 EL Hoisinsauce

1. Die Knochen waschen, in 1 Liter Wasser kalt aufsetzen, einmal aufkochen, das Wasser abgießen und die Knochen abtupfen. Die Zwiebel mit Schale halbieren. Den Sellerie putzen und in grobe Stücke teilen, das Grün mitverwenden. Knochen, Zwiebelhälften und Sellerie in einen hohen Suppentopf ohne Fettzugabe unter ständigem Rühren 5 Minuten anrösten.

2. Ingwer schälen und längs halbieren. Zusammen mit dem Suppenfleisch zu den Knochen geben und 3 Liter kaltes Wasser angießen. Alle Gewürze zufügen und 3 Stunden offen garen. Mehrfach den aufsteigenden Schaum abschöpfen.

3. Ein Sieb mit einem Passiertuch auslegen und die Brühe abseihen, das Suppenfleisch anderweitig verwenden. Falls erforderlich die Brühe klären. Dafür die Brühe erneut aufkochen, 1 Eiweiß schlagen und in die kochende Brühe rühren. Einmal aufwallen lassen und vom Herd nehmen. Nach 5 bis 10 Minuten bindet das Eiweiß alle Trübstoffe und steigt an die Oberfläche, wo es abgeschöpft wird.

4. Die Reisnudeln 2 Minuten in heißem Wasser einweichen, abgießen und nach Bedarf klein schneiden. Das Rinderfilet quer zur Faser in hauchdünne Scheibchen schneiden. Die Frühlingszwiebeln putzen und in dünne Ringe hacken. Die Sojabohnensprossen kalt abbrausen und abtropfen lassen.

5. Reisnudeln, rohe Fleischscheibchen, Frühlingszwiebeln und Sprossen auf 4 Suppenteller verteilen. Die kochende Brühe darüber gießen und sofort servieren. Die heiße Suppe gart das Fleisch und Gemüse ausreichend! Alles soll Biss behalten.

6. Zum individuellen Abschmecken einen Teller mit ganzen, gewaschenen Minz- und Basilikumblättern, ein Schälchen mit 1 Esslöffel Zitrone verdünnter Hoisinsauce und Zitronenviertel bereitstellen. Diese Beilagen werden nach Geschmack in die Suppe gegeben.

Zubereitungszeit:
3 Stunden 45 Minuten

Pikant

Kokossuppe mit Shrimpsklößchen

Für 4 Portionen

Für die Suppe
- 1 Stange Lauch
- 2 Knoblauchzehen
- 2 cm frische Ingwerwurzel
- 2 Fleischtomaten
- 100 g Kokospaste
- 1 l Geflügelbrühe
- 2 EL helle Sojasauce
- 2 EL Limettensaft
- grob zerstoßener schwarzer Pfeffer

Für die Klößchen
- 50 g getrocknete Shrimps
- 250 g geschälte Shrimps ohne Darm
- 2 Eier
- Maismehl

Außerdem
- 1 Bund Zitronenmelisse
- 2 geh. EL gehackte Erdnüsse

1. Den Lauch putzen und nur den hellen Teil in dünne Ringe schneiden. Knoblauch abziehen, Ingwer schälen und beides sehr klein hacken. Die Tomaten mit kochendem Wasser überbrühen und abziehen, Stielansätze entfernen und das Fruchtfleisch würfeln.

2. Die Kokospaste erhitzen und Lauch, Knoblauch und Ingwer darin anbraten. Tomatenwürfel zugeben und mit der Brühe ablöschen. Mit Sojasauce, Limettensaft und Pfeffer würzen. Die Suppe 30 Minuten garen, dann pürieren.

3. Die getrockneten Shrimps 30 Minuten in heißem Wasser einweichen, abtropfen und mit den frischen Shrimps pürieren. Die Eier unterziehen und so viel Mehl einkneten, dass ein fester Teig entsteht.

4. Aus der Shrimpsmasse walnussgroße Klößchen formen und in der heißen Suppe etwa 5 Minuten bei schwacher Hitze ziehen lassen. Vorsicht: Die Suppe darf nicht mehr aufkochen. Sobald die Klößchen an die Oberfläche steigen, sind sie gar. Die getrockneten Shrimps verstärken den Fischgeschmack und salzen zudem die Suppe.

Falls Sie die Suppe entfetten möchten, da die Kokospaste sehr kalorienreich ist, sollten Sie die Suppe abkühlen lassen und das sich an der Oberfläche bildende Fett mit einem in die Suppe einzutauchenden Stück Küchenpapier abziehen.

5. Die Zitronenmelisse waschen, trockenschwenken und die Blätter abzupfen. Die Suppe mit den Melissenblättern und Erdnüssen anrichten.

Zubereitungszeit:
1 Stunde 20 Minuten

Variante
Wer über wenig Zeit verfügt, ersetzt die Shrimpsklößchen durch geschälte Shrimps ohne Darm oder tiefgefrorene Fischbällchen aus asiatischen Lebensmittelgeschäften.

Vegetarier verwenden statt der Geflügelbrühe Gemüsebrühe und statt der Klößchen 200 Gramm klein geschnittenen Tofu, der 5 Minuten in der heißen Suppe zieht.

Würzig

Hühnertopf mit Mu-Err-Pilzen

Für 4 Portionen

Für die Suppe
- 1 küchenfertiges Suppen-huhn (etwa 1 kg)
- 6 Schalotten
- 2 cm frische Ingwerwurzel
- 2 cm frische Galgantwurzel
- 2 Chilischoten
- 3 Stängel Zitronengras
- 10 g Mu-Err-Pilze
- 50 g Glasnudeln

Zum Abschmecken
- 2 EL Fischsauce
- 1 Zitrone

Außerdem
- 1 Bund Koriandergrün
- 1 geh. EL Röstzwiebeln

1. Das Suppenhuhn unter fließendem kalten Wasser innen und außen waschen und mit einer Geflügelschere halbieren. Flügel und Schenkel abtrennen, die Haut abziehen und die Brustfilets auslösen. Die Schenkel entbeinen.

2. Die ungeschälten Scha-lotten halbieren. Ingwer und Galgant schälen und längs halbieren. Die Chilischoten waschen und Stielansätze abschneiden. Vom Zitronen-gras jeweils das äußere Blatt entfernen und die hellen Teile der Stängel quer vierteln.

3. In einem großen Topf ohne Fettzugabe Knochen, Flügel und Haut mit den Schalotten 5 Minuten unter ständigem Rühren anrösten. Ingwer, Galgant, Chilischoten und Zitronengrasstücke zugeben und 2 Liter kaltes Wasser aufgießen. 2 Stunden offen kochen lassen, dabei immer wieder den Schaum abschöp-fen. Die Brühe durch ein Sieb gießen, nach Bedarf entfet-ten. Die Brühe mit Fischsauce und Zitronensaft würzen.

4. Die Mu-Err-Pilze 10 bis 15 Minuten in heißem Wasser einweichen, knorpelige Stellen herausziehen und die Pilze in mundgerechte Stücke tei-len. Die Glasnudeln separat 30 Minuten in heißem Wasser einweichen, abgießen und in 10 cm lange Fäden schnei-den. Das rohe, klein gewür-felte Hühnerfleisch aufschnei-den. Das Koriandergrün waschen, trockenschwenken und die Blätter abzupfen.

5. Das Fleisch in der Brühe 5 Minuten garen. Mu-Err-Pilze und Glasnudeln zufügen. Die Suppe mit Koriandergrün und Röstzwiebeln bestreuen.

Zubereitungszeit:
2 Stunden 30 Minuten

Tipp

Der Geschmack des Zitro-nengrases entwickelt sich intensiver, wenn Sie mit ei-nem breiten Messer die Stängel flach klopfen. Für gekochte Gerichte können Sie auch getrocknetes Zi-tronengras verwenden, das zuvor 1 Stunde in wenig heißem Wasser eingeweicht wird. Vietnamesen kochen niemals die Kräuter mit, diese werden stets roh auf die Speisen gestreut.

Bodenständig

Schweine-Garnelen-Topf Saigon

Für 4 Portionen

Für die Suppe
- 150 g durchwachsener, geräucherter Speck
- 1 TL Fünf-Gewürze-Mischung
- 3 EL Sojasauce
- 12 große Garnelen
- 70 g Sojabohnensprossen
- 150 g breite Reisnudeln
- 3 Knoblauchzehen
- 2 Chilischoten
- 1 l Geflügelbrühe
- 200 g Schweinefilet
- 1 bis 2 EL Fischsauce

Außerdem
- 2 geh. EL Röstzwiebeln
- grob zerstoßener schwarzer Pfeffer

1. Vom Speck Schwarte und Knorpel entfernen. Den Speck in dünne Streifen schneiden. Die Gewürzmischung in die Sojasauce einrühren und den Speck darin 60 Minuten marinieren.

2. Von den Garnelen den Kopf abdrehen und die Schale bis auf den Schwanzfächer entfernen. Den Rücken mit einem scharfen Messer 2 mm einschneiden und den dunklen Darm herausziehen. Garnelen und Sojabohnensprossen kalt abbrausen und abtropfen lassen.

3. Die Reisnudeln 5 Minuten in heißem Wasser einweichen, abgießen und beiseite stellen.

4. Den Knoblauch abziehen und durch eine Knoblauchpresse drücken. Die Chilischoten waschen, Stielansätze, Samen und Scheidewände entfernen und das Fruchtfleisch klein hacken.

5. Die Geflügelbrühe erhitzen. Das Schweinefilet fein schnetzeln. Den Speck aus der Marinade nehmen, abtropfen lassen und ohne Fettzugabe in einer heißen Pfanne auslassen. Das Fleisch zugeben und braun anbraten. Knoblauch und Chilistücke unter Rühren 1 Minute mitbraten.

Die heiße Brühe angießen und einmal aufkochen lassen. Garnelen, Sojabohnensprossen und Reisnudeln zufügen, nach Geschmack mit Fischsauce würzen.

6. Den Schweine-Garnelen-Topf mit Röstzwiebeln und Pfeffer bestreuen.

Zubereitungszeit:
45 Minuten
60 Minuten marinieren

Variante
Es existieren unendlich viele Rezepte für vietnamesische Nudelsuppen, und fast jede Garküche am Straßenrand bevorzugt ihre eigene Kombination: mit Geflügel, Rind oder Fisch, manchmal auch nur mit Gemüse. Je nach Vorliebe können Sie die Nudelsuppe mit wenigen Einlagen und Fadennudeln als Vorsuppe, mit reichlich Gemüse und dickeren Nudeln als eintopfähnliches Hauptgericht servieren.

Pikant

Süßsaure Fischsuppe

Für 4 Portionen

- 1 geh. TL Tamarindenmark
- 2 Fleischtomaten
- 3 Stängel Staudensellerie mit Grün
- 1 Bund Koriandergrün
- 70 g Sojabohnensprossen
- 400 g Fischfilet (Thunfisch, Haifisch, Heilbutt, Hecht)
- ½ frische Ananas
- 1 l Fischfond
- 1 gestr. TL Koriandersamen
- Salz, Pfeffer
- 2 EL Palmzucker

1. Das Tamarindenmark in 2 bis 3 Esslöffeln heißem Wasser 30 Minuten einweichen, ausdrücken und nur die ausgetretene Flüssigkeit nebst Einweichwasser verwenden.

2. Die Tomaten mit kochendem Wasser überbrühen und abziehen, die Stielansätze entfernen und das Fruchtfleisch würfeln. Den Staudensellerie putzen und in 1 cm dicke Stücke schneiden. Sellerie- und Koriandergrün waschen, trockenschwenken und klein hacken. Die Sojabohnensprossen abbrausen und abtropfen lassen. Die Fischfilets unter fließendem kaltem Wasser kurz abwaschen, trockentupfen und in mundgerechte Stücke teilen.

3. Von der Ananas die Blattkrone abbrechen, schälen und die dunklen Augen ausstechen, dabei den Saft auffangen. Das Fruchtfleisch in Scheiben schneiden und diese achteln.

4. Fischfond und Koriandersamen einmal aufkochen, salzen und pfeffern. Tamarindenwasser, Ananassaft und Zucker einrühren. Bei schwacher Hitze zunächst die Selleriestücke 10 Minuten mitkochen, die Tomatenwürfel

weitere 5 Minuten mitkochen. Zum Schluss Sprossen, Ananas- und Fischstücke zugeben und je nach Dicke der Fischstücke weitere 3 bis 5 Minuten garen.

5. Die Suppe mit den Kräutern bestreuen.

Zubereitungszeit: 60 Minuten

Variante

Die süßsaure Suppe schmeckt auch mit Garnelenfleisch ganz delikat. Ihre Garzeit beläuft sich nur auf 1 bis 2 Minuten, damit das Fleisch nicht austrocknet.

Tipp

Den Fischfond können Sie selbst zubereiten. Dafür 2 Kilogramm gut gewässerte Fischabfälle (Köpfe, Gräten, Schwänze, Flossen), 1 angeröstete Zwiebel und 1 Bund Suppengrün in 2 bis 3 Liter Wasser 2 Stunden im offenen Topf garen, dabei den aufsteigenden Schaum abschöpfen. Zum Schluss den Fond abfiltern und entfetten. Fischabfälle gibt Ihnen jedes Fischgeschäft kostenlos. Fertigfonds können Sie im Handel erwerben.

Spargelsuppe mit Krebs

Für 4–6 Portionen

Für die Suppe
- 500 g grüner Spargel
- 250 g weißer Spargel
- 2 cm frische Ingwerwurzel
- 2 cm frische Galgantwurzel
- 1 EL Fischsauce
- 3 EL helle Sojasauce
- 1 geh. TL Palmzucker
- weißer Pfeffer

Für den Eierstich
- 2 Eier
- 6 EL Milch
- Salz
- frisch geriebene Muskatnuss
- etwas Butter

Für die Einlage
- 100 g Bambussprossen (Dose)
- 250 g ausgelöstes Krebsfleisch

Außerdem
- 2 geh. EL heller Sesam

1. Den Spargel waschen. Die Stangen von oben nach unten schälen, die weißen ab 2 cm unter den Köpfen, die grünen Spargel nur im unteren Drittel. Alle Stangen unten 5 mm abschneiden und in 5 bis 8 cm lange Stücke schneiden. Ingwer und Galgant schälen und in dickere Scheiben schneiden.

2. In einen Topf 2 Liter Wasser, Ingwer und Galgant geben. Die Schalen und unteren Abschnitte des Spargels darin 2 Stunden auskochen. Den Sud durch ein Sieb abgießen, dabei die Schalen auspressen. Den Sud mit Fisch- und Sojasauce, Palmzucker und viel Pfeffer würzen.

3. Eier und Milch verquirlen, mit wenig Salz und Muskatnuss würzen. Eine kleine Form dünn einfetten, die Masse eingießen und im Wasserbad bei mittlerer Hitze stocken lassen. Den Eierstich vorsichtig stürzen und in kleinere Würfel oder Rauten schneiden. Vorsicht, er zerbricht leicht.

4. Die Bambussprossen kalt abbrausen und in Stifte schneiden. Das Krebsfleisch grob zerpflücken. Den Spargelsud erneut aufkochen und Bambussprossen, grüne und weiße Spargelköpfe bei

schwacher Hitze darin in 10 Minuten garen. In der letzten Minute das Krebsfleisch zufügen, der Sud darf aber keinesfalls mehr aufkochen.

5. Den Sesam in einer heißen Pfanne ohne Fettzugabe 1 Minute unter ständigem Rühren rösten. Unmittelbar vor dem Servieren den Eierstich auf die Suppe legen und mit dem knackigen Sesam bestreuen.

Zubereitungszeit:
2 Stunden 40 Minuten

Variante
Vegetarier geben statt Krebsfleisch 200 Gramm Tofu oder 70 Gramm Sojabohnensprossen und 50 Gramm eingeweichte, klein geschnittene Glasnudeln in die Spargelsuppe.

Tipp

Wer mag, reicht grüne Reisplätzchen (siehe Seite 67) zu der Spargelsuppe.

Delikat

Spinatsuppe mit Tofu

Für 4 Portionen

Für die Einlage
- 200 g Tofu
- 4 EL dunkle Sojasauce
- Mehl
- 100 ml Pflanzenöl

Für die Suppe
- 150 g Sommerspinat
- 2 Knoblauchzehen
- 4 Schalotten
- 1 TL Erdnussöl
- 2 grüne Chilischoten
- 1 EL Fischsauce
- 1 EL Zitronensaft
- 1 l Geflügelbrühe

Außerdem
- 2 geh. EL grob gehackte Mandeln

1. Den Tofu in dickere Stifte von 1 x 5 cm Kantenlänge schneiden, mit Sojasauce begießen, abdecken und 60 Minuen marinieren.

2. Den Spinat waschen, abtropfen lassen und verlesen. Knoblauch und Schalotten abziehen und klein würfeln. Die Chilischote waschen, Stielansatz abschneiden, Samen und Scheidewände herauskratzen und das Fruchtfleisch in Ringe schneiden.

3. In einem hohen Topf das Erdnussöl erhitzen und Knoblauch- und Schalottenwürfel darin hell anbraten. Die Chiliringe zugeben und kurz mitbraten. Fischsauce und Zitronensaft angießen. Den Spinat unterrühren und den Topf sofort vom Herd nehmen; die zarten Blätter fallen in der Hitze von sich aus zusammen.

4. Den Tofu aus der Marinade heben, abtropfen lassen und in wenig Mehl wenden. Das Pflanzenöl erhitzen und den Tofu darin von allen Seiten goldbraun frittieren. Herausheben und auf Küchenkrepp abtropfen lassen.

5. Die Brühe erhitzen. Die Tofustücke und Spinatmasse auf Suppenschälchen oder -teller verteilen. Die heiße Brühe darüber gießen, mit den Mandeln bestreuen und sofort servieren. Spinat und Tofu sollen Biss behalten; steht die Suppe länger, wird beides zu weich.

Zubereitungszeit:
40 Minuten
60 Minuten marinieren

Variante
Wer auf Fleisch nicht verzichten mag, ersetzt den Tofu durch dünne Rindfleischstreifen, die in der Brühe 2 bis 3 Minuten garen. Schälchen mit Fischsauce, Zitronensaft und Chilistückchen bieten sich zum Nachwürzen an.

Tipp

Wer das Glück hat, vietnamesischen Wasserspinat zu ergattern, kann das Originalrezept ausprobieren. Die Blätter dieser Spinatsorte sind besonders zart, seine Stiele dagegen fest. Doch frischer Spinat im Frühling und Sommer ist ein zufriedenstellender Ersatz. Der harte Winterspinat eignet sich dagegen weniger.

Vegetarische Speisen

Einfach

Eiernudeln mit Gemüse

Für 4 Portionen

Für die Gemüsenudeln
- 20 g Mu-Err-Pilze
- 250 g Eiernudeln
- 100 g Zuckerschoten
- 100 g kleine Maiskolben (Dose)
- ½ weißer Rettich
- 2 Knoblauchzehen
- 2 cm frische Galgantwurzel
- 1 EL Frühlingszwiebelöl
- 1 EL Fischsauce
- grob zerstoßener schwarzer Pfeffer
- 2 Msp. gemahlener Koriander

Außerdem
- 1 Bund Koriandergrün
- 1 Bund Dill

1. Die Mu-Err-Pilze 10 bis 15 Minuten in heißem Wasser einweichen. Abgießen, knorpelige Stellen ausschneiden und die Pilze in kleinere Stücke zerteilen.

2. Die Eiernudeln in sprudelnd kochendes Salzwasser geben, einmal aufkochen, den Topf vom Herd nehmen und die Nudeln in 3 bis 5 Minuten im heißen Wasser gar ziehen lassen. Abgießen, kalt abschrecken und in einem Sieb abtropfen lassen. Falls sie aneinander kleben, mit einer Gabel auseinander ziehen und 1 Teelöffel Öl darüber gießen.

3. Die Zuckerschoten putzen, die Maiskölbchen abbrausen und schräg halbieren. Den Rettich schälen und in feine Streifen schneiden. Knoblauch abziehen, Galgant schälen und beides sehr fein würfeln. Koriandergrün und Dill waschen, trockenschwenken und die Blätter von den Stielen zupfen.

4. Das Öl in einer breiten Pfanne oder einem Wok erhitzen und Knoblauch, Galgant, Zuckerschoten, Maiskölbchen und Rettichstreifen darin unter Rühren 5 Minuten anbraten. Mit Fischsauce ablöschen und mit Pfeffer und

Koriander würzen. Eiernudeln und Pilze unterheben, mit Koriandergrün und Dill bestreuen und sofort servieren.

Zubereitungszeit:
30 Minuten

Variante
Sie können die Eiernudeln auch frittieren, bevor Sie sie mit dem Gemüse mischen. Dafür die Nudeln gut abtropfen lassen und 2 Stunden zum Trocknen ausbreiten. Das geschieht am besten auf einem großen Backblech. Die Nudeln in 50 Milliliter hoch erhitztes Pflanzenöl geben und unter Rühren goldbraun braten. Anschließend auf Küchenkrepp das Fett aufsaugen. Frittierte Eiernudeln sind sehr knackig!

Eingelegter Kürbis und grüne Reisplätzchen (Bild Seite 52 f., Rezepte Seite 59 und 67) verwöhnen den Gaumen.

Tipp

Ist die kurze Saisonzeit der Zuckerschoten im Frühling vorbei, können Sie in Ringe geschnittenen Lauch oder in dünne Streifen zerteilten grünen Paprika verwenden. Auch Chinakohl bietet eine herzhafte Alternative. Wer auf streng vegetarische Ernährung Wert legt, ersetzt die Fischsauce durch Salz und wenig Sojasauce.

Raffiniert

Gefüllte Reisnudelpfannkuchen

Für 4–6 Portionen

Für den Ingwerdip
- 2 cm frische Ingwerwurzel
- ½ Möhre
- 2 EL Limettensaft
- 3 EL Reisessig
- 2 EL Fischsauce
- 50 ml Wasser

Für die Füllung
- 200 g Brokkoli
- 1 bis 2 grüne Chilischoten
- 1 Zwiebel
- 1 Bund Schnittknoblauch
- 1 Bund asiatisches Basilikum
- 1 TL Erdnussöl
- 1 EL Fischsauce
- 2 EL Sojasauce
- 1 EL Zitronensaft

Für die Reisnudel-pfannkuchen
- 400 g breite Reisnudeln
- 80 ml Pflanzenöl

Außerdem
- 2 geh. EL Röstzwiebeln

1. Für den Dip Ingwer und Möhre schälen und in sehr dünne, feine Streifen schneiden. Limettensaft, Reisessig und Fischsauce mit dem Wasser verdünnen und die Streifen untermischen.

2. Den Brokkoli putzen, in kleine Röschen teilen und die Stiele in dünne Streifen schneiden. Die Chilischoten waschen, Stielansätze, Samen und Scheidewände entfernen und das Fruchtfleisch klein hacken. Die Zwiebel abziehen, halbieren und in Spalten teilen. Schnittknoblauch und Basilikum waschen, trockenschwenken und fein hacken.

3. Das Öl erhitzen und Zwiebelspalten, Chili- und Brokkolistücke darin 5 Minuten anbraten. Mit Fisch-, Sojasauce und Zitronensaft ablöschen und weitere 5 Minuten nicht zu weich garen. Schnittknoblauch und Basilikum untermischen.

4. Die Reisnudeln in reichlich heißem Wasser 2 bis 3 Minuten einweichen, abgießen, kalt abschrecken und in 4 bis 6 Portionen teilen. Nacheinander je 20 Milliliter Öl in einem Wok oder einer kleinen Kasserolle erhitzen. Die Nudeln portionsweise einlegen und am Boden mit einem

Löffel flach streichen, um sie von unten goldbraun zu braten. Die Nudeln sollen fest zu Pfannkuchen zusammenbacken und sich an den Seiten hochwölben. Vorsichtig mit einem biegsamen Pfannenwender vom Boden lösen und herausheben.

5. Die kross gebratenen Pfannkuchen auf Teller legen, mit dem Gemüse belegen und mit Röstzwiebeln bestreuen. Den Dip dazu servieren.

Zubereitungszeit:
45 Minuten

Tipp

Der Dip schmeckt aromatischer, wenn er 1 Stunde bei Zimmertemperatur gezogen hat. Er wird teelöffelweise auf die gefüllten Pfannkuchen gegeben. Außerhalb der Saison können Sie tiefgefrorenen Brokkoli verwenden.

Scharf

Kohlröllchen mit Gemüsefüllung

Für 4 Portionen

Für die Füllung
- 6 Tonko Pilze
- 50 g Glasnudeln
- 2 Möhren
- ½ weißer Rettich
- 50 g Rettichsprossen
- 1 unbehandelte Orange
- 1 cm frische Ingwerwurzel
- Salz, Pfeffer

Für die Röllchen
- 8 bis 12 große Weißkohl- blätter
- 2 EL Pflanzenöl
- 1 EL Fischsauce
- 100 ml Gemüsebrühe

Für den Chilidip
- 2 rote Chilischoten
- 1 Frühlingszwiebel
- 1 EL Limettensaft
- 1 geh. TL Palmzucker

1. Die Tonko Pilze 20 bis 30 Minuten in heißem Wasser einweichen. Die Pilze aus- drücken und in dünne Streifen schneiden.

2. Die Glasnudeln separat mit kochendem Wasser übergießen und 30 Minuten darin garziehen lassen. Das Wasser abgießen, die Nudeln kalt abschrecken und nach Bedarf mit einer Schere klein schneiden.

3. Möhren und Rettich schä- len und grob reiben. Die Ret- tichsprossen kalt abbrausen. Ingwer schälen und fein reiben. Die Orange heiß abwaschen und hauchdünne Streifchen der Schale abziehen – es wird 1 gehäufter Teelöffel davon benötigt.

4. Pilze, Nudeln und Gemüse mit den Orangenschalen- streifen mischen. Den Ingwer schälen und in feine Scheib- chen schneiden; mit Salz und Pfeffer würzen.

5. Die Weißkohlblätter wa- schen, abtropfen lassen und an den dicken Rippen flach schneiden. Die Blätter 2 Mi- nuten blanchieren und sofort in Eiswasser legen, damit sie ihre hellgrüne Farbe behalten.

6. Auf jedes Weißkohlblatt 1 gehäuften Esslöffel Füllung setzen, die Blattseiten nach innen einschlagen und alles fest aufrollen. Mit Küchengarn oder Schnittlauch zusammen- binden.

7. In einer großen Pfanne das Öl erhitzen und die Kohlröll- chen darin von allen Seiten anbraten. Mit Fischsauce und Gemüsebrühe ablöschen und zugedeckt 20 Minuten garen.

8. Für den Dip die Chilischo- ten waschen, Stielansätze, Samen und Scheidewände entfernen und das Frucht- fleisch klein hacken. Die Früh- lingszwiebel waschen, putzen und klein schneiden. Die warme Brühe aus der Pfanne mit dem Limettensaft mischen und den Zucker darin unter Rühren auflösen. Die Chili- und Frühlingszwiebelstücke einstreuen.

Zubereitungszeit:
1 Stunde 30 Minuten

Pikant

Eingelegtes Gemüse

Für 4 Portionen

Für das Wurzelgemüse
- 1 weißer Rettich
- 1 EL Salz
- 2 Möhren
- 2 Zwiebeln
- 2 Knoblauchzehen

Für die Tomaten
- 2 Bund Frühlingszwiebeln
- 1 Bund Schnittknoblauch
- 1 geh. EL Salz
- 6 Strauchtomaten
- 1 rote Paprikaschote
- 2 cm frische Galgantwurzel

Für den Chinakohl
- 1 Chinakohl
- 1 Eiszapfen
- 1 EL Salz
- 1 Stange Lauch
- 2 cm frische Ingwerwurzel

Für die Mangos
- 150 g Kürbis
- 3 reife Mangos
- 2 cm frische Ingwerwurzel

Für den jeweiligen Sud
- je 100 ml Reisessig
- je 200 bis 400 ml Wasser
- je 2 EL Zitronensaft
- je 1 geh. EL Palmzucker
- je 1 gestr. EL Salz
- je 1 gestr. TL grob zerstoßener Pfeffer oder 2 Chilischoten

1. Für das Wurzelgemüse Rettich waschen, putzen und in 5 cm lange, dünne Stifte schneiden. Mit Salz bestreuen und 60 Minuten ziehen lassen. Mit kaltem Wasser abbrausen und trockentupfen. Möhren waschen, putzen, schälen und in dünne Scheiben schneiden. In kochendem Salzwasser 2 Minuten blanchieren, herausheben und abtropfen lassen. Zwiebeln und Knoblauch abziehen, Zwiebeln in Ringe, Knoblauch in feine Würfel schneiden. Alles in ein Einmachglas geben.

2. Für die Tomaten Frühlingszwiebeln und Schnittknoblauch waschen, putzen und in dünne Ringe schneiden. In gesalzenes Eiswasser legen und 60 Minuten ziehen lassen. Mit kaltem Wasser abbrausen und trockentupfen. Tomaten waschen, mit Schale vierteln und die Stielansätze ausschneiden. Paprikaschote waschen, Stielansatz, Samen und Scheidewände entfernen und das Fruchtfleisch in dünne Streifen schneiden. Galgant schälen und fein hacken. Alles in ein Einmachglas geben.

3. Für den eingelegten Chinakohl Kohl waschen, putzen und in dünne Streifen schneiden. Eiszapfen waschen, putzen, schälen und in 5 cm

lange, dünne Stifte schneiden. Beides mit Salz bestreuen und 60 Minuten ziehen lassen. Mit kaltem Wasser abbrausen und trockentupfen. Lauch waschen, putzen und in dünne Ringe schneiden. Ingwer schälen und fein hacken. Alles in ein Einmachglas geben.

4. Für die Mangos Kürbis waschen, halbieren, Samenstränge herauskratzen und das Fruchtfleisch in 5 cm dünne Stifte schneiden. Mangos waschen, schälen, halbieren, Stein entfernen und das Fruchtfleisch grob würfeln, dabei den Saft auffangen. Ingwer schälen und fein hacken. Alles in ein Einmachglas geben.

5. Für den Sud jeweils die entsprechende Menge an Zutaten verwenden, wie Gläser zu füllen sind. Die Menge des Wassers richtet sich nach der Menge des Gemüses; es muss im Glas knapp bedeckt sein. Die Zutaten einmal aufkochen. Den heißen Sud über das Gemüse gießen und die Gläser sofort verschließen.

Zubereitungszeit:
60 Minuten
60 Minuten ziehen lassen

Würzig

Süßsaurer Kürbis

Für 4–6 Portionen

- 500 g Kürbis
- 1 rote Zwiebel
- 2 cm frische Ingwerwurzel
- 1 EL Frühlingszwiebelöl
- 4 EL Zitronensaft
- ½ TL Fünf-Gewürze-Mischung
- 2 geh. EL Palmzucker
- 1 TL Fischsauce
- 1 EL helle Sojasauce

Außerdem
- 1 Bund Schnittknoblauch
- 1 Bund Dill

1. Kürbis schälen, halbieren, Samen und innere Fasern entfernen und das Fruchtfleisch in Stifte schneiden. Zwiebel abziehen, Ingwer schälen und beides klein würfeln. Alles in eine Schüssel geben, mit Öl und Zitronensaft beträufeln, die Gewürzmischung darüber streuen und den Kürbis 60 Minuten marinieren.

2. Den Zucker erwärmen und den Kürbis mit der Marinade unter Rühren darin karamellisieren. Zudecken und den Kürbis bei geringer Hitze 15 Minuten dünsten. Fehlt Flüssigkeit, wenige Esslöffel Wasser angießen. Mit Fisch- und Sojasauce würzen.

3. Schnittknoblauch und Dill waschen, trockenschwenken und in Röllchen schneiden beziehungsweise die Dillspitzen abzupfen. Den Kürbis mit den Kräutern bestreuen.

Zubereitungszeit:
35 Minuten
60 Minuten marinieren

Variante
Wer keinen Schnittknoblauch im asiatischen Lebensmittelgeschäft erhält, kann stattdessen eine Mischung aus Schnittlauchröllchen und fein zerkleinertem Knoblauch verwenden.

Tipp

Außerhalb der herbstlichen Kürbissaison können Sie Bittergurken beziehungsweise Bittermelonen verwenden. Auch Schmorgurken oder Süßkartoffeln eignen sich gut für dieses süßsaure Gericht.

Info

Die dunkleren, orangefarbenen Kürbissorten schmecken aromatischer und intensiver als die helleren.

Würzig

Gurken auf Erdnusssauce

Für 4 Portionen

Für das Gemüse
- 2 Salatgurken
- 1 rote Zwiebel
- 1 Möhre
- 125 ml Gemüsebrühe
- Salz, Pfeffer

Für die Erdnusssauce
- 1 Stängel Zitronengras
- 1 Chilischote
- 4 geh. EL Erdnusscreme
- 2 EL Sojasauce
- 3 EL Zitronensaft
- 2 geh. EL gehackte Erdnüsse

1. Die Gurken waschen, schälen, halbieren, nach Bedarf den Samenstrang herauskratzen und das Fruchtfleisch in etwa 1 cm große Würfel schneiden. Die Zwiebel abziehen, halbieren und in dünne Spalten teilen. Die Möhre waschen, schaben und grob reiben.

2. Das Gemüse in der Brühe in 5 Minuten bissfest garen, leicht salzen und pfeffern.

3. Für die Sauce vom Zitronengras das äußere Blatt entfernen und nur den hellen Teil des Stängels in millimeterfeine Streifchen schneiden.

Die Chilischote waschen, Stielansatz, Samen und Scheidewände entfernen und das Fruchtfleisch klein hacken.

4. Die Erdnusscreme bei schwacher Hitze unter Rühren erwärmen. Vorsicht: Sie brennt schnell an! Sojasauce und Zitronensaft einrühren. Zitronengras- und Chilistücke unter die Erdnusscreme rühren. Bei Bedarf mit wenig Brühe vom Gemüse verdünnen und die Sauce 10 Minuten bei schwacher Hitze ziehen lassen. Vom Herd nehmen und die gehackten Erdnüsse unterziehen.

Zubereitungszeit:
40 Minuten

Variante
Erdnusssauce schmeckt zu allen Gemüsesorten. Probieren Sie sie zu gedünstetem Chinakohl oder frischem Spinat. Zu Fleischspießchen mit Rind oder Geflügel ist sie ein Muss.

Tipp

Servieren Sie das Gemüse auf Portionstellern über einem flach gestrichenen Saucenspiegel. Erdnusscreme erhalten Sie im Handel.

Info

Die Vietnamesen lieben ihre Erdnusssauce! Es lohnt sich, Erdnusssauce in größeren Portionen herzustellen. Besonders bei Kindern ist die gehaltvolle Sauce beliebt. Reste halten sich einige Tage im Kühlschrank.

Kross

Panierter Tofu mit Gemüse

Für 4 Portionen

Für das Gemüse
- 150 g getrocknete, schwarze Bohnen
- Salz
- 1 Fleischtomate
- 3 Stängel Staudensellerie
- 1 rote Zwiebel
- 1 EL Erdnussöl
- 1 EL schwarze Bohnensauce

Für den Tofu
- 300 g Tofu
- 2 Eier
- Mehl
- 4 geh. EL heller Sesam

Außerdem
- 1 Bund Minze
- 1 Bund Dill
- 100 g Kokosfett

1. Die Bohnen mit der dreifachen Menge Wasser bedecken und 5 Stunden einweichen. Das Einweichwasser abgießen und die Bohnen abbrausen. Mit frischem Wasser bedecken, leicht salzen und bei mittlerer Hitze in 1 Stunde 30 Minuten weich kochen. Abseihen.

2. Die Tomate mit kochendem Wasser überbrühen und abziehen, Stielansatz entfernen und das Fruchtfleisch würfeln. Den Staudensellerie waschen, putzen und in 5 mm dünne Ringe schneiden. Die Zwiebel abziehen, halbieren und in Spalten teilen. Minze und Dill waschen, Blätter und Dillspitzen abzupfen.

3. Das Öl erhitzen und Sellerieringe und Zwiebelspalten darin anbraten. Die Bohnen zugeben, sofort die Bohnensauce einrühren und alles bei geringer Hitze 10 Minuten garen. Die Tomatenwürfel unterrühren und den Topf vom Herd nehmen, damit das Gemüse nicht zerkocht.

4. Inzwischen den Tofu in dünne Streifen von 0,5 x 4 cm Kantenlänge schneiden. Die Eier verschlagen. Die feuchten Tofustreifen nacheinander in wenig Mehl, im verschlagenen Ei und in Sesam wälzen. Das Kokosfett erhitzen und den panierten Tofu darin von allen Seiten goldbraun braten. Herausnehmen und auf Küchenkrepp abtropfen lassen. Vorsicht: Der Sesam fällt leicht ab!

5. Den Tofu auf das heiße Gemüse setzen, mit den Kräutern bestreuen und sofort servieren.

Zubereitungszeit:
50 Minuten
5 Stunden einweichen
1 Stunde 30 Minuten vorkochen

Variante
Für eine Marinade werden die Tofuscheiben mit 4 bis 6 Esslöffeln Sojasauce und 4 Esslöffeln frisch gepresstem Orangensaft übergossen, 2 in Ringe geschnittene Chilischoten und 2 bis 3 zerdrückte, geschälte Knoblauchzehen dazugegeben und zugedeckt 2 Stunden ziehen gelassen. Den Tofu abtropfen lassen und braten.

Würzige Auberginen

Für 4–6 Portionen

- 2 bis 3 violette Auberginen
- 2 Knoblauchzehen
- 4 Schalotten
- 2 cm frische Ingwerwurzel
- 2 geh. EL Palmzucker
- 1 TL Bohnensauce
- 100 ml Gemüsebrühe
- 1 Bund asiatisches Basilikum
- 20 g Rettichsprossen

1. Die Auberginen waschen und das Fruchtfleisch längs vierteln. Auf ein Backblech legen und auf der mittleren Schiene im Backofen 60 Minuten bei 180 °C garen. Herausnehmen und schneiden. Knoblauch und Schalotten abziehen und achteln. Ingwer schälen und fein würfeln.

2. Den Zucker erwärmen und Knoblauch, Schalotten und Ingwer darin unter Rühren

2 Minuten karamellisieren. Bohnensauce einrühren und mit Brühe ablöschen. Die Auberginenstücke unterrühren und zugedeckt in 15 bis 20 Minuten weich garen.

3. Das Basilikum waschen und abzupfen. Die Sprossen abbrausen. Beides auf das warme Gemüse geben.

Zubereitungszeit:
1 Stunde 30 Minuten

Scharfer Chinakohl in Ananashälften

Für 4 Portionen

Für das Gemüse
- 1 großer Chinakohl
- 1 Bund Frühlingszwiebeln
- 2 rote Chilischoten
- 2 cm frische Ingwerwurzel
- 1 Fleischtomate
- 1 frische Ananas
- 1 EL Frühlingszwiebelöl
- 2 EL Reisessig
- 3 EL helle Sojasauce

Für den Ananasdip
- 1 EL Fischsauce
- 100 ml Ananassaft
- ¼ weißer Rettich
- 1 geh. EL heller Sesam

1. Chinakohl putzen, die äußeren Blätter entfernen und den Kohl in 3 mm dünne Streifen schneiden. Die Kohlstreifen kalt waschen und abtropfen lassen.

2. Frühlingszwiebeln putzen und in dünne Ringe schneiden. Das Fruchtfleisch der Chilischoten klein hacken. Ingwer schälen und fein reiben. Die Tomate würfeln. Ananas mit der Blattkrone längs halbieren, das Fruchtfleisch herauslösen und in kleine Stücke schneiden, dabei den Saft auffangen. Die ausgehöhlten Ananashälften zum Anrichten aufbewahren.

3. Fischsauce und Ananassaft verrühren. Den Rettich schälen und in feine Streifen schneiden. Mit dem Sesam in den Dip rühren.

4. Das Öl erhitzen; Frühlingszwiebelringe, Chilistücke, Ingwer und Chinakohl darin unter Rühren anbraten. Mit Reisessig und Sojasauce ablöschen. 5 Minuten garen, dann Tomatenwürfel und Ananasstücke untermischen.

5. Die Mischung in die ausgehöhlten Ananashälften füllen.

Zubereitungszeit:
45 Minuten

Pikant

Süßkartoffeln in Kokos

Für 4 Portionen

- 4 bis 5 Süßkartoffeln
- 2 kleine Möhren
- 2 grüne Paprikaschoten
- 2 Stängel Zitronengras
- 1 gestr. TL gemahlener Koriander
- ½ TL Gelbwurz
- ¼ TL Zimt
- 1 TL Fischsauce
- 2 EL helle Sojasauce
- 100 g Kokospaste

Außerdem
- 1 Zitrone
- 1 Bund Minze

1. Die Süßkartoffeln waschen, dünn schälen und in 5 mm dicke Scheiben oder Stifte schneiden. Möhren schaben und fein reiben. Paprikaschoten waschen, Stielansätze, Samen und Scheidewände entfernen und das Fruchtfleisch in dünne Streifen schneiden.

2. Vom Zitronengras jeweils das äußere Blatt entfernen und nur den hellen Teil der Stängel in millimeterdünne Ringe schneiden. Alle Gewürze ohne Fettzugabe 1 Minute unter Rühren anbraten. Mit Fisch- und Sojasauce ablöschen. Die Kokospaste zufügen und bei mittlerer Hitze

unter gelegentlichem Rühren 10 Minuten bei geringer Hitze garen.

3. Süßkartoffeln zugeben und 20 bis 30 Minuten zugedeckt schmoren, bei Bedarf etwas Gemüsebrühe angießen. Während der letzten 5 Minuten Möhrenraspeln und Paprikastreifen mitgaren.

4. Die Zitrone vierteln. Die Minzblätter waschen, trockenschwenken und abzupfen. Beides separat auf einem Teller zum individuellen Abschmecken der Süßkartoffeln anrichten.

Zubereitungszeit:
60 Minuten

Tipp

Süßkartoffeln sind nicht mit unseren Kartoffeln verwandt, doch sie enthalten auch viel Stärke. In Vietnam werden sie auf vielfältige Weise zubereitet: mit Gemüse oder Geflügel gemischt, mit Ingwer oder Knoblauch gewürzt. Ein leckerer Snack sind frittierte Süßkartoffelscheiben mit Salz oder Paprikapulver gewürzt. Auf unseren Märkten erhalten Sie die nahrhaften Knollen das ganze Jahr über.

Variante

Viele Gemüsesorten schmecken hervorragend in einer Kokossauce. Wer Süßkartoffeln nicht erhält oder nicht schätzt, nimmt gewöhnliche Kartoffeln, Zucchini, Möhren beziehungsweise Spargel im Frühjahr. Statt der Kokospaste können auch 4 gehäufte Esslöffel Kokosflocken in 100 Milliliter Gemüsebrühe mitgekocht werden.

Raffiniert

Gedämpfte Mungbohnenbällchen

Für 4 Portionen

Für die Umhüllung
- 500 g Klebreis
- ½ TL Salz
- 1 Bund Koriandergrün

Für die Füllung
- 250 g gelbe Mungbohnen
- ½ TL Salz
- 1 gestr. TL Koriandersamen
- 1 gestr. TL Kreuzkümmel
- 1 gestr. TL Gelbwurz
- ½ TL Zimt
- ½ TL Agar-Agar

Für den Honigdip
- 4 EL Blütenhonig
- 1 TL Limettensaft
- 100 ml Ananassaft
- 1 Chilischote
- 2 Frühlingszwiebeln

1. Klebreis waschen, ab-seihen, mit frischem Wasser bedecken und mindestens 5 Stunden einweichen.

2. Die Mungbohnen waschen. In einem Topf mit so viel Wasser bedecken, dass es 1 cm darüber steht. Mit Salz, Koriander, Kreuzkümmel, Gelbwurz und Zimt würzen. Agar-Agar einrühren, die Boh-nen einmal aufkochen und bei mittlerer Hitze 20 Minuten garen. Abkühlen lassen.

3. Den eingeweichten Reis abseihen und salzen. Knapp mit Wasser bedecken, einmal aufkochen lassen und bei sehr schwacher Hitze zuge-deckt in 20 bis 30 Minuten sehr weich garen.

4. Koriandergrün waschen, trockenschwenken, abzupfen und klein schneiden. Eine klei-ne Menge für den Dip beiseite legen und den Rest unter den Klebreis mischen.

5. Aus der erkalteten, nun fest gewordenen Mungbohnen-masse mit feuchten Händen oder kalten Metalllöffeln wal-nussgroße Klößchen formen.

6. Den Reis knapp 1 cm dick auf eine Folie streichen. Die Mungbohnenbällchen mit etwas Abstand zueinander auf den Reis setzen und mit den Händen je eine Lage Reis fest darum drücken.

7. Die weiß-grünen Bällchen bei mittlerer Hitze 5 bis 10 Minuten im geschlossenen Dampftopf oder im Bambus-körbchen dämpfen.

8. Für den Dip Honig, Li-metten- und Ananassaft ver-rühren. Die Chilischote waschen, Stielansatz, Samen und Scheidewände entfernen und das Fruchtfleisch klein hacken. Die Zwiebeln abziehen und in Ringe schneiden. Alles mit den restlichen Koriander-blättchen verrühren.

Zubereitungszeit:
60 Minuten
5 Stunden einweichen

Tipp

Sie können die Mungboh-nenfüllung auch mit 100 bis 150 Gramm rohem Hack-fleisch vom Schwein oder gegrilltem, klein geschnit-tenen Schweinebraten mi-schen. Das Fleisch gart mit.

Bodenständig

Für 4 Portionen

- 6 Tonko Pilze
- 300 g Mangold oder Pak-Choi
- 1 rote Zwiebel
- 1 bis 2 Knoblauchzehen
- 150 g Champignons
- 1 unbehandelte Orange
- 1 EL Pflanzenöl
- Salz, Szechuanpfeffer
- 2 geh. EL Cashewnüsse

Blattgemüse mit Pilzen

1. Die Pilze 20 bis 30 Minuten in heißem Wasser einweichen. Ausdrücken und in Streifchen schneiden.

2. Das Blattgemüse waschen, putzen und die Blätter in 2 cm breite Stücke schneiden. Die Zwiebel abziehen und in Spalten teilen. Den Knoblauch abziehen und klein hacken. Die Champignons putzen und blättrig schneiden.

3. Die Orange heiß abwaschen und hauchdünne Streifen der Schale abziehen – es wird 1 gehäufter Teelöffel davon benötigt. Die Orange auspressen.

4. Das Öl erhitzen, Zwiebel und Knoblauch darin anbraten. Den Mangold zugeben und kurz anbraten. Mit Orangensaft ablöschen. Orangenschale und alle Pilze unterrühren. Mit Salz und Szechuanpfeffer würzen und noch 3 bis 5 Minuten bei schwacher Hitze garen. Das Blattgemüse mit den Cashewnüssen bestreuen.

Zubereitungszeit:
40 Minuten

Raffiniert

Für 2–4 Portionen

- 200 g grüner Reis
- 2 Schalotten
- 1 EL Erdnussöl
- 1 Eiweiß
- 1 EL Fischsauce
- 100 ml Kokosfett

Grüne Reisplätzchen

1. Den Reis waschen und abtropfen lassen. Schalotten abziehen und fein würfeln. Das Öl erhitzen; Schalotten und Reis darin unter Rühren glasig anbraten. Esslöffelweise Wasser zugeben, der Reis darf keinesfalls schwimmen. Den Reis 3 bis 5 Minuten bei schwacher Hitze quellen lassen, er soll noch fest sein.

2. Eiweiß mit einem Schneebesen schaumig schlagen und unter den Reis ziehen. Mit Fischsauce würzen. Jeweils 1 gehäuften Esslöffel Masse abstechen und zu einem Plätzchen formen.

3. Das Kokosfett auf 180 °C erhitzen. Die Reisplätzchen portionsweise einlegen, flach drücken, 1 bis 2 Minuten schwimmend anbraten und vorsichtig wenden. Von der anderen Seite 1 weitere Minute braten. Herausheben und abtropfen lassen.

Zubereitungszeit:
40 Minuten

Fleisch und Fisch

Raffiniert

Krebse mit Schweinefleischfüllung

Für 4 Portionen

Für die Krebse
- 1 Möhre
- 2 Stängel Staudensellerie
- 2 cm frische Galgantwurzel
- 200 ml Fischfond
- 4 EL Reisessig
- 1 gestr. EL Salz
- 4 große Taschenkrebse

Für die Füllung
- 2 Schalotten
- 2 Knoblauchzehen
- 2 cm frische Ingwerwurzel
- 2 Stängel Zitronengras
- 2 Eier
- 200 g Hackfleisch vom Schwein

Das Gericht Krebse mit Schweinefleischfüllung (Bild Seite 68 f.) ist ein typisches Beispiel für die Verbindung der verschiedenen Küchenkulturen.

1. Möhre und Staudensellerie putzen, Galgant schälen und alles grob zerkleinern. Mit Fischfond, Reisessig und Salz in 3 Liter Wasser aufsetzen und bei mittlerer Hitze 30 Minuten offen kochen lassen.

2. Die Taschenkrebse unter fließendem kaltem Wasser waschen. Einzeln, mit dem Kopf voran in das sprudelnde Wasser geben und jeweils 5 Minuten garen, dabei darauf achten, dass der Sud erneut sprudelnd kocht, bevor der nächste Krebs folgt. Den Topf vom Herd nehmen und die Krebse darin 2 bis 3 Stunden abkühlen lassen.

3. Die Krebse aus dem Sud heben, auf den Panzer legen, Beine und Scheren herausdrehen und den Schwanz herausziehen. Den Unterkörper an den Längsseiten festhalten und drehend abziehen. Die harten Kiemen wegschneiden. Das dunklere Krebsfleisch herauslöffeln. Die Scheren und Beine aufknacken, wobei eine Zange oder Hummerschere hilft. Mit einer langen Nadel oder Hummergabel die Fleischstückchen aus den Beinen und Scherenenden ziehen. Den Panzer von Eingeweide und Häuten befreien und gründlich ausspülen. Das Krebsfleisch klein schneiden.

4. Für die Füllung Schalotten und Knoblauch abziehen und fein würfeln. Ingwer schälen und fein hacken. Vom Zitronengras jeweils das äußere Blatt entfernen und nur den hellen Teil der Stängel in Streifchen schneiden.

5. Die Eier trennen. Das Eiweiß mit Hackfleisch, Krebsfleisch und allen Zutaten für die Füllung mischen. In die ausgehöhlten Panzer füllen und mit Eigelb einpinseln.

6. Die gefüllten Krebse in einem Dämpfeinsatz oder Bambuskörbchen 20 bis 30 Minuten zugedeckt dünsten. Alternativ kann man sie 30 bis 40 Minuten auf mittlerer Schiene im vorgeheizten Backofen bei 200 °C (Umluft 180 °C, Gas Stufe 3–4) garen.

Zubereitungszeit:
1 Stunde 50 Minuten
2 bis 3 Stunden erkalten
lassen

Tipp

Kaufen Sie schwere, männliche Krebse, denn sie garantieren besseres Fleisch. Achten Sie bei vorgekochten Krebsen darauf, dass die Schale unversehrt ist.

 **Würzig-aromatisch**

Zitronenhähnchen mit Minze

Für 2–4 Portionen

- 1 Brathähnchen (etwa 1 kg)
- 2 EL Fischsauce

Für die Zitronenmarinade
- 4 Stängel Zitronengras
- 2 grüne Chilischoten
- 3 unbehandelte Zitronen
- 1 geh. EL Palmzucker
- 3 EL helle Sojasauce

Außerdem
- 2 bis 3 EL Pflanzenöl
- 1 Bund Minze
- 1 Bund Frühlingszwiebeln

1. Das Hähnchen innen und außen unter fließendem Wasser waschen, trockentupfen und mit einer Geflügelschere halbieren. Flügel und Schenkel abtrennen. Die Haut sparsam mit Fischsauce bepinseln.

2. Vom Zitronengras jeweils das äußere Blatt entfernen und nur den hellen Teil der Stängel millimeterfein hacken. Die Chilischoten waschen, Stielansätze, Samen und Scheidewände entfernen und das Fruchtfleisch klein hacken. Die Zitronen heiß abwaschen und hauchdünne Streifchen der Schale abziehen. Die Zitronen achteln und mit dem Zucker in einem Mörser zerdrücken. Die Sojasauce angießen. Alle Zutaten der Marinade mischen und die Hähnchenteile darin 60 Minuten abgedeckt marinieren.

3. Den Backofen vorheizen auf 220 °C (Umluft 200 °C, Gas Stufe 4–5).

4. Das Öl in einem Bräter erhitzen. Alle Hähnchenteile samt Marinade und Zitronen einlegen und auf die mittlere Schiene des Backofens schieben. Das Hähnchen mindestens 45 Minuten braten, dabei mehrfach wenden und mit der abtropfenden Marinade bepinseln. Den Backofen ausschalten und die Hähnchenteile 5 Minuten im Bräter ruhen lassen. Die Zitronenschalen herausnehmen.

5. Inzwischen die Minze waschen, trockenschwenken und die Blätter abzupfen. Die Frühlingszwiebeln putzen und in dünne Ringe schneiden. Das Zitronenhähnchen damit bestreuen und servieren.

Zubereitungszeit:
1 Stunde 15 Minuten
60 Minuten marinieren

Variante
Für dieses Rezept eignen sich auch Hähnchenschenkel und kleinere Stubenküken (2 Stück für 4 Personen) hervorragend. Wer Knochen auf dem Teller nicht schätzt, ersetzt das Brathähnchen durch Hühnerbrustfilets oder Putenschnitzel.

Tipp

Grillen Sie die in Zitronenmarinade gezogenen Hähnchenteile im Sommer auf dem Holzkohlengrill. Die Vietnamesen lieben Grillfeste und kennen sogar Tischgrills in Restaurants.

Exklusiv-festlich

Gefüllte Ananasente

Für 4 Portionen

Für die Füllung
- 2 Zwiebeln
- 2 Stangen Lauch
- 1 frische Ananas
- 3 cm frische Ingwerwurzel
- 3 Sternanis
- ½ Zimtstange

Für die Ente
- 1 küchenfertige, magere Jungente (1,5–2 kg)
- Salz, Pfeffer
- 1 EL Hoisinsauce
- 4 EL Pflanzenöl

Für die Sauce
- 1 EL Sojasauce
- 2 bis 3 Msp. Fünf-Gewürze-Mischung

1. Zwiebeln abziehen, Lauch putzen und beides in Ringe schneiden. Die Ananas schälen, die Hälfte des Fruchtfleisches in 1 cm dicke Scheiben schneiden und diese achteln. Die andere Hälfte pürieren und beiseite stellen. Den Ingwer schälen und in feine Streifen schneiden. Alle Zutaten der Füllung miteinander vermischen.

2. Die Ente innen und außen unter fließendem Wasser waschen, trockentupfen, salzen und pfeffern. Die Füllung in die Bauchhöhle geben und die Öffnung mit Küchenzwirn zunähen. Rücken und Schenkel mehrfach mit einer Gabel einstechen, damit beim Braten Fett auslaufen kann. Die Haut dünn mit Hoisinsauce bepinseln.

3. Den Backofen vorheizen auf 220 °C (Umluft 200 °C, Gas Stufe 4–5).

4. Das Öl in einem Bräter erhitzen. Die Ente mit der Brust nach oben einlegen und auf die mittlere Schiene des Backofens schieben. Die Ente mindestens 1 Stunde 30 Minuten braten, dabei regelmäßig mit Ananaspüree und abtropfendem Fett einpinseln.

5. Den Backofen ausschalten und die Ente 10 Minuten ruhen lassen. Aus dem Bräter nehmen, aufschneiden und die Füllung auf einer Platte ausbreiten. Sternanis und Zimtstange entfernen. Die ganze Ente auf die Füllung setzen und bei Tisch mit einer Geflügelschere tranchieren.

6. Den Bratensatz im Bräter mit 50 bis 100 Milliliter heißem Wasser mit Hilfe eines Bratwenders ablösen, einkochen und mit Sojasauce und Gewürzmischung würzen.

Zubereitungszeit:
2 Stunden 15 Minuten

Tipp

Eine Ente muss 1 knappe Stunde pro Kilogramm Eigengewicht im Backofen braten. Sie ist gar, wenn beim tiefen Einstechen der Brust heller Saft austritt.

Pikant

Für 4 Portionen

- 16 rohe Riesengarnelen
- Szechuanpfeffer
- 8 dünne Scheiben durch-
  wachsener, geräucherter
  Speck
- 3 Limetten
- 1 Eiweiß

Riesengarnelen im Speckmantel

1. Von den Garnelen den Kopf abdrehen und die Schale bis auf den Schwanzfächer entfernen. Den Rücken mit einem scharfen Messer 2 mm einschneiden und den dunklen Darm herausziehen. Die Garnelen kalt abbrausen, mit Küchenkrepp trockentupfen und kräftig pfeffern.

2. Den Speck längs halbieren, Knorpel und Schwarte ausschneiden. Die Limetten auspressen. Die Garnelen in Eiweiß tauchen und mit je einer halben Scheibe Speck fest umwickeln, eventuell mit Zahnstochern befestigen.

3. Eine Pfanne ohne Fettzugabe erhitzen und die Garnelen darin 1 Minute anbraten. Wenden und 1 weitere Minute braten. Den Limettensaft angießen und die Garnelen – je nach Dicke – bei mittlerer Hitze zugedeckt 2 bis 3 Minuten garen.

Zubereitungszeit:
25 Minuten

Exotisch

Für 2 Portionen

Für die Marinade
- 3 geh. EL Lotussamen
- 4 EL Honig
- 2 cm frische Ingwerwurzel
- ½ TL Fünf-Gewürze-
  Mischung

Für das Fleisch
- 2 ausgelöste Hühnerbrüste
- 2 Mangos
- 70 g Sojabohnensprossen
- Salz, Pfeffer

Fruchtiges Hühnerfilet mit Mango

1. Die Lotussamen 30 Minuten in kaltem Wasser einweichen. Mit einem spitzen Messer halbieren und die grünen Kerne entfernen. Den Honig bei schwacher Hitze erwärmen und die Lotussamen darin 15 Minuten ziehen lassen. Den Ingwer schälen und fein darüber reiben. Die Gewürzmischung unterrühren.

2. Die Hühnerbrüste halbieren, in breite Streifen schneiden, mit der Marinade bepinseln und 60 Minuten ziehen lassen. Die Mangos waschen, dünn schälen, das Fruchtfleisch vom Stein lösen und grob würfeln. Die Sojabohnensprossen abbrausen und trockentupfen.

3. Einen flachen Topf ohne Fettzugabe erhitzen und das Fleisch mit der Marinade darin bei schwacher Hitze 10 Minuten unter ständigem Rühren garen. Leicht salzen und pfeffern. Die Mangostücke 5 Minuten mitdünsten. Zum Schluss die Sojabohnensprossen unterrühren. 3 bis 5 Minuten ziehen lassen.

Zubereitungszeit:
1 Stunde 10 Minuten
60 Minuten marinieren

 **Zum Verwöhnen**

Frittierte Wachteln

Für 2–4 Portionen

Für die Marinade
- 2 cm frische Ingwerwurzel
- 2 Knoblauchzehen
- 2 EL Sojasauce
- 2 EL Zitronensaft
- 2 geh. EL Palmzucker
- ½ TL gemahlener Koriander-samen

Für die Wachteln
- 4 küchenfertige Wachteln
- Salz, Pfeffer
- 1 Bund Koriandergrün

Außerdem
- 100 g Kokosfett

1. Den Ingwer schälen, den Knoblauch abziehen und beides klein hacken. Sojasauce und Zitronensaft bei schwacher Hitze erwärmen und den Zucker unter Rühren darin auflösen. Ingwer, Knoblauch und Koriander einrühren, 2 bis 3 Minuten garen und alles mit einer Gabel zerdrücken.

2. Die Wachteln innen und außen unter fließendem Wasser waschen und mit Küchenkrepp trockentupfen. Kräftig pfeffern und salzen und mit der Marinade bepinseln. Die Wachteln 60 Minuten abgedeckt bei Zimmertemperatur marinieren.

3. Das Koriandergrün waschen, trockenschwenken und je 2 Zweige in eine Wachtel geben. Einige Blätter unter die Schenkel legen, andrücken und mit Küchenzwirn zusammenbinden.

4. Das Kokosfett in einer hohen Pfanne oder einem Wok stark erhitzen. Die Wachteln darin von allen Seiten braun braten, dabei mehrfach im Fett drehen. Herausheben und auf Küchenkrepp abtropfen lassen.

5. Vor dem Servieren die Wachteln aufbinden, das Koriandergrün entfernen. Eventuell das Geflügel mit einer Geflügelschere halbieren und die Flügel wie Schenkel abschneiden.

Zubereitungszeit:
40 Minuten
60 Minuten marinieren

Variante
Wachteln sind keine sättigende Mahlzeit, auch sind sie an manchen Orten schwer zu erhalten. Saison ist in den Monaten September und Oktober. Greifen Sie alternativ auf Geflügelkeulen von Huhn oder Ente zurück. Ganze Stubenküken können Sie ebenfalls auf diese Weise zubereiten. Sie benötigen jedoch eine längere Bratzeit.

Tipp

Wer häufiger vietnamesisch kocht, legt sich am besten eine größere Menge sehr fein gehackten Ingwer und Knoblauch im Verhältnis 2 : 1 in neutralem Pflanzenöl ein. Es hält sich 14 Tage im Kühlschrank und verkürzt die tägliche Vorbereitungszeit in der Küche. So können Sie auch gut jungen Ingwer frisch halten.

Bodenständig

Geschmortes Rind auf frittierten Reisnudeln

für 4–6 Portionen

Für das Rindfleisch
- 6 Schalotten
- 600 g Schmorfleisch vom Rind
- 2 Fleischtomaten
- 2 EL Frühlingszwiebelöl
- 1 gestr. TL Gelbwurz
- 2 Sternanis
- ½ TL Koriandersamen
- 1 gestr. TL grob zerstoßener Pfeffer
- 1 EL schwarze Bohnensauce
- 150 ml Fleischbrühe

Für die Nudeln
- 200 g fadendünne Reisnudeln
- ½ TL Salz

Außerdem
- 100 g Kokosfett
- 1 Bund Koriandergrün
- 2 geh. EL gehackte Cashewnüsse

1. Die Schalotten abziehen und vierteln. Das Fleisch in etwa 2 x 4 cm große Stücke schneiden. Die Tomaten mit kochendem Wasser überbrühen und abziehen, die Stielansätze entfernen und das Fruchtfleisch würfeln.

2. Das Öl in einem mittleren Topf erhitzen und die Schalottenviertel sowie alle Gewürze 1 Minute darin unter Rühren anbraten. Die Bohnensauce angießen und einmal aufkochen. Die Fleischstücke in der Gewürzsauce wenden, bis sie vollständig damit umhüllt sind. Bei mittlerer Hitze garen. Die Brühe angießen. Die Tomatenwürfel zugeben, zudecken und alles 40 bis 50 Minuten schmoren. Vor dem Servieren den Sternanis herausnehmen.

3. Die Reisnudeln 2 Minuten in heißem Salzwasser einweichen, in einem Sieb abseihen und mit kaltem Wasser abschrecken. Das Kokosfett erhitzen, die Nudeln portionsweise mit einer Gabel zusammendrehen und darin kross frittieren. Auf Küchenkrepp abtropfen lassen und auf einer Platte anrichten. Das Schmorfleisch darauf setzen.

4. Das Koriandergrün waschen, trockenschwenken und die Blättchen abzupfen. Zusammen mit den Cashewnüssen über das Schmorfleisch streuen.

Zubereitungszeit:
60 Minuten

Pikant

Karamellisierte Riesengarnelen auf Ingwergemüse

für 2–4 Portionen

Für die Garnelen
- 16 Riesengarnelen
- 4 EL Palmzucker
- 2 EL helle Sojasauce
- 2 EL Zitronensaft
- 50 ml Fischfond
- Salz, Pfeffer

Für das Gemüse
- 1 rote Paprikaschote
- 1 gelbe Paprikaschote
- 1 grüne Paprikaschote
- 1 rote Zwiebel
- 4 cm frische Ingwerwurzel
- 2 Chilischoten
- 1 EL Pflanzenöl

Außerdem
- 2 Frühlingszwiebeln

1. Von den Riesengarnelen den Kopf abdrehen und die Schale bis auf den Schwanzfächer entfernen. Den Rücken mit einem scharfen Messer 2 mm einschneiden und den dunklen Darm herausziehen. Die Shrimps kalt abbrausen und trockentupfen.

2. Den Zucker bei schwacher Hitze schmelzen. Mit Sojasauce und Zitronensaft unter Rühren ablöschen und 1 bis 2 Minuten garen. Vorsicht: Karamell brennt leicht an! Den Fond nach und nach einrühren, sparsam salzen und pfeffern.

3. Die Garnelen in die Karamellsauce legen und bei mittlerer Hitze 2 bis 3 Minuten garen, sie sollen komplett von der Zuckermasse überzogen werden.

4. Die Paprikaschoten waschen, Stielansätze, Samen und Scheidewände entfernen und das Fruchtfleisch in lange, dünne Streifen schneiden. Die Zwiebel abziehen und in dünne Ringe schneiden. Den Ingwer schälen und in feine Streifen hacken. Die Chilischoten waschen, halbieren, Stielansätze, Samen und Scheidewände entfernen und das Fruchtfleisch längs in feine Streifen schneiden. Das Öl erhitzen und die vorbereiteten Zutaten unter Rühren darin 3 bis 5 Minuten anbraten.

5. Die Frühlingszwiebeln waschen, putzen und in Röllchen schneiden. Die karamellisierten Garnelen auf dem Ingwergemüse anrichten und mit den Röllchen bestreuen.

Zubereitungszeit:
40 Minuten

Variante
Karamellisierte Speisen sind in Vietnam beliebt; sie deuten auf den französischen Einfluss in der Küche. Probieren Sie nach dem gleichen Rezept karamellisierte Hühnerbrüste.

Raffiniert

Gefüllte Pomfrets

für 4 Portionen

Für die Füllung
- 6 Tonko Pilze
- 2 cm frische Ingwerwurzel
- 2 rote Zwiebeln
- 2 Stängel Zitronengras
- 150 g geschälte Shrimps ´
- 100 g durchwachsener, geräucherter Speck

Für die Fische
- 4 Pomfret oder Schollen, ausgenommen und entgrätet
- 1 Bund asiatisches Basilikum
- 1 EL Pflanzenöl
- 2 Zitronen

1. Die Tonko Pilze 20 bis 30 Minuten in heißem Wasser einweichen. Abgießen und in Streifchen schneiden.

2. Den Ingwer schälen und klein hacken. Die Zwiebeln abziehen und würfeln. Vom Zitronengras jeweils das äußere Blatt entfernen, die hellen Teile der Stängel quer halbieren und mit einem breiten Messer flach klopfen. Die Shrimps kalt abbrausen. Den Speck klein schneiden.

3. Eine Pfanne ohne Fettzugabe erhitzen, den Speck darin auslassen und kross braten. Ingwer und Zwiebeln 2 Minuten mitbraten. Das ausgetretene Fett abgießen und beiseite stellen. Die Speckmischung mit Pilzen und Shrimps vermengen.

4. Die Fische innen und außen unter fließendem kalten Wasser waschen und trockentupfen. Die Füllung in die Bauchhöhlen verteilen und je ½ Zitronengrasstängel hineinlegen.

5. Den Backofen vorheizen auf 220 °C (Umluft 200 °C, Gas Stufe 4–5).

6. Das abgegossene Schweinefett in einem Bräter erhitzen. Die Fische einlegen und auf der mittleren Schiene im Backofen etwa 20 Minuten braten, dabei immer wieder mit ablaufendem Fett bepinseln.

7. Das Basilikum waschen, die Blätter abzupfen und trockenschwenken. Das Öl erhitzen und die Basilikumblätter darin kross ausbraten.

8. Die Fische auf Tellern anrichten. Das Zitronengras entfernen und die gebratenen Basilikumblätter über den Fischen verteilen. Die Zitronen vierteln und daneben legen.

Zubereitungszeit:
60 Minuten

Tipp

Pomfret ist in ganz Asien ein sehr beliebter Plattfisch, der in Größe und Konsistenz der Scholle ähnelt. Grillen Sie im Sommer die gefüllten Fische auf dem Holzkohlengrill, Sie werden begeistert sein. Die Fische werden dafür mit dem flüssigen Schweinefett zuvor eingepinselt. Sie können die Fische auch in Alufolie gewickelt grillen, Sie benötigen dann kein Fett.

Pikant

Süßsaure Meeresfrüchte

für 2–4 Portionen

- 1 TL Tamarindenmark
- 200 g ausgelöste Hummer-scheren
- 200 g ausgelöste Muscheln
- 200 g geschälte Shrimps ohne Darm
- 1 Fleischtomate
- 2 cm frische Ingwerwurzel
- 2 Schalotten
- ½ TL gelbe Senfkörner
- 1 geh. EL Palmzucker
- ½ TL Gelbwurz
- 1 TL Erdnussöl

1. Das Tamarindenmark in 3 Esslöffeln heißem Wasser 30 Minuten einweichen, aus-drücken und nur die ausge-tretene Flüssigkeit nebst Ein-weichwasser verwenden.

2. Die Meeresfrüchte kurz unter fließendem kalten Was-ser abbrausen und trocken-tupfen. Die Tomate mit ko-chendem Wasser überbrühen und abziehen, Stielansatz ent-fernen und das Fruchtfleisch klein würfeln.

3. Den Ingwer schälen, die Schalotten abziehen und beides fein hacken. In einem Mörser mit Senfkörnern, Zucker und Gelbwurzpulver zu einer Paste verarbeiten.

4. Das Öl erhitzen und die Gewürzpaste darin 1 Minute unter Rühren anbraten. Mit Tamarindenwasser ablöschen. Die Meeresfrüchte in den Sud legen und bei mittlerer Hitze 2 bis 3 Minuten garen. Die Tomatenwürfel kurz vor dem Ende der Garzeit unter die Meeresfrüchte heben.

Zubereitungszeit:
35 Minuten

Variante
Süßsaure Zubereitungen sind in ganz Asien, von China bis ins südliche Indonesien beliebt. Vegetarier bereiten gemischtes Gemüse nach diesem Rezept zu. Besonders edel ist die Kombination von grünem Spargel, Tomaten und Champignons. Darüber können Sesamkörner gestreut werden.

Tipp

Wer kein Tamarindenmark zur Hand hat, säuert das Gericht mit 1 bis 2 Esslöffeln frisch gepresstem Zitronensaft oder Reisessig. Auch 1 Esslöffel milder Weißweinessig ist akzep-tabel. Wenn keine frischen Meeresfrüchte im Angebot sind, können Sie auf mageres Fischfilet oder tiefgekühlte Meeresfrüchte zurückgreifen. Dosenware ist qualitativ immer minderwertig.

Mild

Forellen auf Glasnudeln

Für 4 Portionen

Für den Fisch
- 4 küchenfertige Bachforellen
- 1 EL Fischsauce
- 4 EL Zitronensaft
- 2 cm frische Galgantwurzel
- 2 Chilischoten

Für die Nudeln
- 100 g Glasnudeln
- 20 g Mu-Err-Pilze
- 1 Fleischtomate
- Salz
- einige Tropfen Sesamöl

Außerdem
- 4 ausreichend große Alufolien
- 1 Bund Dill
- 2 geh. EL heller Sesam

1. Die Forellen außen und innen unter fließendem kaltem Wasser waschen und trockentupfen. Mit Fischsauce und Zitronensaft 30 Minuten marinieren. Nudeln und Pilze getrennt voneinander jeweils 30 Minuten in heißem Wasser einweichen.

2. Den Galgant schälen und in Stifte schneiden. Die Chilischoten waschen, Stielansätze, Samen und Scheidewände entfernen und das Fruchtfleisch in dünne Streifen schneiden

3. Backofen vorheizen auf 240 °C (Umluft 220 °C, Gas Stufe 4–5).

4. Jeden Fisch auf ein Stück Alufolie setzen, mit Gewürzen bestreuen und mit Marinade beträufeln, die Folien oben zusammenknicken. Die Fische auf ein Backblech setzen, auf die mittlere Schiene im Backofen schieben und 8 Minuten garen. Aus dem Backofen nehmen und 5 Minuten in der Folie ruhen lassen.

5. Inzwischen die Tomate mit kochendem Wasser überbrühen und abziehen, Stielansatz entfernen und das Fruchtfleisch in Streifen schneiden. Die Nudeln abseihen und kalt abschrecken.

6. Die Pilze abseihen, harte Stellen entfernen und mundgerecht zerkleinern. Tomaten, Nudeln und Pilze mischen, leicht salzen und mit Sesamöl aromatisieren. Den Dill waschen, trockenschwenken und die Spitzen abzupfen.

7. Die Nudelmischung auf Tellern anrichten, je 1 Forelle darauf setzen und mit dem ausgetretenen Fischsud begießen. Dillspitzen und Sesam darüber streuen.

Zubereitungszeit:
50 Minuten

Variante
Das Rezept lässt sich mit jedem Fisch realisieren. Bach- oder Regenbogenforellen sind von der Größe ideal für eine Person. Sie sind mager, rasch gar und frisch wie tiefgefroren erhältlich. Wer Angst vor Gräten hat, probiert Zitronenfisch auf Glasnudeln mit einem Fischfilet: Am edelsten schmecken Zander oder Hecht.

Kross

Kräuterbarsche

Für 4 Portionen

- 2 Stängel Staudensellerie mit Grün
- 1 Bund Minze
- 1 Bund Schnittknoblauch
- 4 küchenfertige Barsche (à 250 g)
- Salz, Pfeffer
- Mehl
- 4 EL Pflanzenöl
- 2 Limetten

1. Den Staudensellerie putzen und in 3 mm dünne Scheiben schneiden. Selleriegrün, Minze und Schnittknoblauch waschen, trockenschwenken und grob zerhacken. Ein Drittel der gehackten Kräuter beiseite legen.

2. Die Fische unter fließendem Wasser außen und innen waschen und innen trockentupfen. Mit Sellerie und Kräutern füllen, salzen und pfeffern. Die feuchten Fische auf jeder Seite zweimal schräg einschneiden, damit das Fischfleisch schneller gart, und in Mehl wenden.

3. Die Hälfte vom Öl in einer großen Pfanne stark erhitzen und 2 Barsche darin von jeder Seite 2 bis 3 Minuten anbraten. Die Hitze reduzieren und die Fische in weiteren 5 Minuten gar ziehen lassen. Die Pfanne vom Herd nehmen und die Fische 5 Minuten ruhen lassen. Herausnehmen und warm halten. Im restlichen Öl die beiden anderen Fische braten.

4. Die Limetten vierteln. Die Barsche mit den Kräutern bestreuen und mit den Limettenvierteln garnieren.

Zubereitungszeit:
45 Minuten

Variante
Wer keinen Fisch mag, aber mit den typisch vietnamesischen Kräutern experimentieren möchte, gibt die Kombination aus Staudensellerie, Minze und Schnittknoblauch an Hähnchenfleisch. Sie schmecken auch zu dem neutralen Tofu.

Tipp

Barsche sind wohlschmeckende Seefische aus überwiegend tropischen Gewässern. Sollten Sie keine frischen Exemplare erhalten, können Sie Saiblinge nehmen. Tauschen Sie die Fischsorten lieber aus, als dass Sie auf Tiefkühlware zurückgreifen. Der Geschmack fangfrischer Fische ist nicht zu übertreffen!

Saftig

Doraden im Gemüsebett

Für 2–4 Portionen

• 2 küchenfertige Doraden

Für die Marinade
• 4 EL helle Sojasauce
• 3 EL Reisessig
• grob zerstoßener schwarzer Pfeffer

Für das Gemüsebett
• 2 Fleischtomaten
• 120 g Zuckerschoten
• 2 Knoblauchzehen
• 150 ml Fischfond

Außerdem
• 1 Bund asiatisches Basilikum

1. Die Doraden unter fließendem kaltem Wasser innen und außen waschen und trockentupfen. Mit Sojasauce und Reisessig begießen, stark pfeffern und 60 Minuten marinieren.

2. Die Tomaten mit kochendem Wasser überbrühen und abziehen, Stielansätze entfernen und das Fruchtfleisch in 1 cm dicke Scheiben schneiden. Die Zuckerschoten waschen und putzen. Den Knoblauch abziehen und fein hacken.

3. In eine große, hohe Pfanne Tomatenscheiben, Zuckerschoten und Knoblauch einschichten. Die Fische darauf setzen und mit wenig Fond begießen, sie sollen nicht schwimmen. Die Fische zugedeckt bei mittlerer Hitze etwa 20 Minuten dünsten. Nach Bedarf etwas Fond nachgießen.

4. Das Basilikum waschen, trockenschwenken und klein hacken. Die Fische im Gemüsebett auf Tellern anrichten und mit Basilikum bestreuen.

Zubereitungszeit:
45 Minuten
60 Minuten marinieren

Variante
Für den Alltag lassen sich die Doraden gut durch preiswertes Kabeljau- oder Goldbarschfilet ersetzen. Die Garzeit reduziert sich dann auf 5 bis 10 Minuten – je nach Dicke der Fischfilets. Außerhalb der Zuckerschotensaison im Frühling passen schmale Lauchstreifen.

Tipp

Doraden, zu Deutsch Goldbrassen, sind Meeresfische, die geschuppt werden müssen. Das übernimmt der Fischhändler. 2 Fische von je 600 bis 700 Gramm reichen mit Gemüse und Reis für 4 Personen.

Info

Kochen Sie den Reis als Beilage mit einigen Safranfäden oder 2 Messerspitzen Gelbwurz zum Färben. Aromatisch schmeckt Reis mit einem mitgekochten Stück Zimtstange, einem Sternanis oder 3 bis 5 ganzen Koriandersamen.

Würzig

Fischtopf mit Süßkartoffeln

Für 4 Portionen

Für den Fisch
- 600 g festkochendes Fisch-filet (Goldbarsch, Zander)
- 4 EL Zitronensaft
- 1 EL Fischsauce

Für den Gemüsetopf
- 2 große Süßkartoffeln
- 2 Zwiebeln
- 3 cm frische Ingwerwurzel
- 150 g Bambussprossen (Dose)
- 2 Chilischoten
- ½ TL Koriandersamen
- ½ TL Gelbwurz
- 2 EL Kokosfett
- 500 ml Fischfond

Außerdem
- 2 Frühlingszwiebeln
- 1 Bund Koriander
- 2 geh. EL Röstzwiebeln

1. Die Filets unter fließendem kaltem Wasser waschen und trockentupfen. Mit Zitronen-saft und Fischsauce beträufeln und 60 Minuten marinieren.

2. Für den Gemüsetopf die Süßkartoffeln schälen und in 1 x 2 cm große Stücke schnei-den. Den Ingwer schälen und in feine Streifen schneiden. Die Zwiebeln abziehen und grob würfeln. Die Bambus-sprossen kalt abbrausen und in Streifen schneiden. Die Chilischoten waschen, Stiel-ansätze, Samen und Scheide-wände entfernen und das Fruchtfleisch klein hacken.

3. Das Fett erhitzen und Chili-würfel, Koriander und Gelb-wurz darin unter Rühren 1 Minute anbraten. Zwiebeln und Süßkartoffeln zufügen und braun braten. Den Fond angießen. Ingwer und Bam-bus unterrühren und alles bei mittlerer Hitze 15 Minuten garen.

4. Den Fisch in größere Stücke teilen und in den Gemüsetopf geben. Zuge-deckt bei mittlerer Hitze 5 Minuten ziehen lassen.

5. Die Frühlingszwiebeln put-zen und in Röllchen schnei-den. Das Koriandergrün wa-schen, trockenschwenken und klein hacken. Den Fischtopf mit den Frühlingszwiebelröll-chen, dem Koriandergrün und den Röstzwiebeln bestreuen.

Zubereitungszeit:
45 Minuten •
60 Minuten marinieren

Tipp

Eine edle Alternative zum Fischfilet in diesem Gericht ist ausgelöstes Hummer- oder Krebs-fleisch. Sie erhalten es bei gut sortierten Fischhändlern frisch. Verwenden Sie kein ge-presstes Krebsfleisch in Stangen; es ist von minderer Qualität.

Desserts

Fruchtig

Farbiges Obstgelee

Für 4 Portionen

- 2 Mangos
- 1 Papaya
- 1 Ananas
- 6 geh. EL weißer Zucker
- 3 gestr. TL Agar-Agar
- 3 EL Rosenwasser

Außerdem
- Förmchen
- 1 geh. EL Kokosraspeln
- 1 geh. EL heller Sesam

1. Die Mangos schälen, das Fruchtfleisch vom Stein lösen. Die Papaya schälen und die Samen entfernen. Die Ananas schälen und die Augen entfernen.

2. Jede Frucht für sich mit 2 Esslöffel Zucker pürieren. Das jeweilige Püree mit Wasser zu ½ Liter auffüllen, einmal aufkochen und vom Herd ziehen. 5 Esslöffel abnehmen, mit 1 Teelöffel Agar-Agar verrühren und erhitzen, bis sich das Agar-Agar aufgelöst hat. Das restliche Fruchtpüree angießen und unter Rühren 2 Minuten kochen. 1 Esslöffel Rosenwasser unterrühren. Jedes Püree in ein Förmchen füllen. Die Gelees im Kühlschrank erkalten lassen.

3. Die Formen von unten kurz in heißes Wasser tauchen und vorsichtig auf einen flachen Teller stürzen. Das Obstgelee mit Kokosraspeln und hellem Sesam bestreuen.

Zubereitungszeit:
30 Minuten
2 bis 3 Stunden kalt stellen

Farbiges Obstgelee (Bild Seite 86 f.) besticht durch seine frische Farbenpracht und Geschmacksvielfalt.

Tipp

Statt mit dem in Vietnam gebräuchlichen Agar-Agar können Sie das Obstgelee mit Johannisbrotkernmehl oder Gelatine andicken. Das pflanzliche Geliermittel Agar-Agar ist in Reformhäusern und Bio-Läden erhältlich und bei Vegetariern beliebt. Bunte Geleewürfel sind der Hit auf jedem Kindergeburtstag; sie schmecken aber auch Erwachsenen. Probieren Sie sie mit Puderzucker bestäubt.

Exotisch-fruchtig

Obstsalat mit Kokossirup

Für 4 Portionen

Für den Obstsalat
- 1 Netzmelone
- 1 Papaya
- 2 Bananen
- 2 Karambolen (Sternfrucht)
- 2 Limetten
- 1 EL Orangenwasser

Für den Kokossirup
- 1 Vanilleschote
- 100 ml Wasser
- 80 g weißer Zucker
- 3 geh. EL Kokosraspeln

1. Die Melone schälen, halbieren und die Samen herausschaben. Mit einem Ausstecher kleine Bällchen aus dem Fruchtfleisch auslösen. Die Papaya schälen, aufschneiden, die Samen auskratzen und das Fruchtfleisch würfeln. Die Bananen abziehen, die Karambolen waschen und beides in dünne Scheiben schneiden.

2. Das Obst in einer Schale mischen. Die Limetten auspressen und den Saft zusammen mit dem Orangenwasser über den Obstsalat gießen.

3. Die Vanilleschote längs aufschneiden und das Mark auskratzen. Wasser, Zucker, Kokosraspeln, Vanilleschote und -mark unter Rühren aufkochen, bis sich der Zucker aufgelöst hat. Abkühlen lassen.

4. Den Kokossirup über den Obstsalat gießen. Mit den restlichen Kokosraspeln – und nach Geschmack mit gemahlenem Zimt – bestreuen und servieren.

Zubereitungszeit:
40 Minuten
30 Minuten auskühlen

Würzig-frisch

Rambutan mit kandiertem Ingwer

Für 4 Portionen

Für den kandierten Ingwer
- 200 g frische Ingwerwurzel
- 200 g weißer Zucker
- 100 ml Wasser

Für die Früchte
- 20 Rambutan
- 4 EL frisch gepresster Orangensaft
- 2 geh. EL Kokosflocken

1. Den Ingwer schälen und in 1 bis 1,5 cm lange, dünne Stifte schneiden. Ingwer, Zucker und Wasser erhitzen. Die Flüssigkeit zur Hälfte verdampfen lassen. Vom Herd ziehen und den Ingwer 24 Stunden darin ziehen lassen.

2. Die Ingwerstreifen unter ständigem Rühren bei ganz schwacher Hitze in einer Pfanne trocknen, der Zucker darf nicht wieder schmelzen.

3. Die haarige Schale der Rambutanfrüchte mit einem Längsschnitt rundum einkerben und vorsichtig vom Fruchtfleisch lösen. Die Kerne auslösen. Mit kleinen Stückchen kandiertem Ingwer füllen und mit Orangensaft beträufeln.

4. Die Kokosflocken ohne Fettzugabe in einer heißen Pfanne anrösten; sie sollen hellbraun werden. Über das gefüllte Obst streuen.

Zubereitungszeit:
60 Minuten
24 Stunden ziehen lassen

 Klassisch

Gebackene Bananen und Ananas mit Fruchteis

Für 4 Portionen

Für das Eis
- 2 Papayas
- 2 bis 3 Limetten
- 100 g weißer Zucker
- 2 Eiweiß
- 200 ml süße Sahne

Für den Teig
- 200 ml Milch
- 50 g Kokospaste
- 150 g Mehl
- 2 Msp. Backpulver
- 2 Msp. gemahlener Kardamom

Für die Früchte
- 4 kleinere Bananen
- 2 EL Zitronensaft
- ½ Ananas
- 200 ml Kokosfett

Für die Dekoration
- Puderzucker
- Blütenhonig

1. Die Papayas halbieren, die Samen herauskratzen und das Fruchtfleisch grob zerkleinern. Die Limetten auspressen. Papayafruchtfleisch, Limettensaft und Zucker sehr fein pürieren. Eiweiß zu steifem Schnee schlagen, Sahne steif schlagen und zusammen unter das Fruchtpüree heben. Die Mischung in einer flachen Schale im Eisfach 30 bis 60 Minuten anfrieren lassen.

2. Das Halbgefrorene mit dem Mixstab glatt rühren. Mit 2 kalten Metalllöffeln Eiskugeln ausstechen und auf einer flachen Unterlage mindestens 60 Minuten gefrieren lassen. Vor dem Servieren 5 bis 10 Minuten antauen.

3. Aus Milch, Kokospaste, Mehl, Backpulver und Kardamom einen glatten Teig rühren. 30 Minuten im Kühlschrank ruhen lassen.

4. Die Bananen schälen und längs vierteln. Sofort mit dem Zitronensaft beträufeln. Die Ananas schälen, die dunklen Augen in spiralförmigen Kreisen ausschneiden, das Fruchtfleisch in 1 cm dicke Scheiben schneiden und diese halbieren. Das Obst abtupfen.

5. Das Fett erhitzen. Die Fruchtstücke einzeln in den Teig tauchen und in dem heißen Fett goldbraun ausbacken. Mit einem Sieblöffel herausheben und auf Küchenkrepp abtropfen lassen.

6. Die ausgebackenen, noch heißen Früchte mit Puderzucker überstäuben und mit wenig Honig beträufeln. Zusammen mit dem Papayaeis servieren.

Zubereitungszeit:
1 Stunde 15 Minuten
2 bis 3 Stunden zum Gefrieren

Variante
Nach diesem Eisrezept können Sie beliebiges Fruchteis herstellen. Besonders erfrischend schmecken im Sommer Limetten- oder Ananaseis. Es hält sich einige Tage im Eisfach. Wer eine Eismaschine besitzt, erreicht eine bessere Konsistenz.

Cremig-fruchtig

Für 4 Portionen

Für den Pudding
- 200 g Klebreis
- 2 EL Kokoscreme
- 2 Msp. Zimt

Für die Dekoration
- 2 Mangos
- 2 geh. EL Pistazien

Reispudding mit Mango

1. Den Reis waschen und mindestens 5 Stunden in kaltem Wasser einweichen, noch besser über Nacht. In einem Sieb abtropfen lassen.

2. Den Reis mit 300 Milliliter Wasser einmal aufkochen und bei schwacher Hitze zugedeckt in etwa 20 Minuten ausquellen lassen. Fertigen Klebreis etwas auflockern und auskühlen lassen.

3. Die Mangos schälen und längs um den Stein dünne

Spalten vom Fruchtfleisch abschneiden.

4. Den Reispudding auf vier Dessertschälchen verteilen. Die Kokoscreme mit wenig heißem Wasser verrühren und über den Reis gießen. Mit Mangoscheiben belegen, Zimt bestäuben und gehackten Pistazien anrichten.

Zubereitungszeit:
30 Minuten
5 Stunden einweichen
2 Stunden auskühlen

Exotisch

Für 4 Portionen

- 100 g Cashewnüsse
- 50 g kandierter Ingwer
- 50 g Zitronat
- 1 Orange
- 100 g Kokosraspeln
- 100g Palmzucker
- 100 g Maisgrieß
- ½ TL gemahlener Kardamom
- ½ TL gemahlener Zimt
- 1 Ei
- Butter

Kokosschnitten

1. Die Cashewnüsse, den Ingwer und das Zitronat klein hacken. Die Orange auspressen, es werden 50 Milliliter Saft benötigt.

2. Kokosraspel, Zucker und Orangensaft in 250 Milliliter Wasser einmal aufkochen. Den Grieß einrühren und 20 Minuten bei sehr schwacher Hitze ausquellen lassen. Cashewnüsse, Ingwer, Zitronat, Kardamom und Zimt einrühren. Die Masse kalt stellen.

3. Das Ei trennen und das Eigelb unter den Teig ziehen. Eiweiß zu Eischnee steif schlagen und unterheben.

4. Den Backofen vorheizen auf 200 °C (Umluft 180 °C, Gas Stufe 3–4) Eine runde Tortenform mit Butter einfetten.

5. Die Grieß-Kokos-Masse 1,5 cm hoch in die Tortenform streichen und auf mittlerer Schiene im Backofen 1 Stunde 30 Minuten backen beziehungsweise trocknen. Herausnehmen und abkühlen lassen.

Zubereitungszeit:
2 Stunden

Exklusiv

Limettensorbet mit kandierten Lotussamen

Für 4 Portionen

Für die Lotussamen
- 200 g getrocknete Lotussamen
- 2 Orangen
- 200 g weißer Zucker

Für das Sorbet
- ½ Vanilleschote
- 1 cm frische Ingwerwurzel
- 150 ml Limettensaft
- 250 ml Wasser
- 200 g weißer Zucker
- 2 geh. EL Kokoscreme
- 1 geh. TL klein geschnittene Limettenschale
- 1 Eiweiß

1. Für die Lotussamen am Vortag die Samen 30 Minuten in heißem Wasser einweichen und abtropfen lassen. Die Früchte mit einem spitzen Messer halbieren und jeweils den grünen Kern entfernen.

2. Die Orangen auspressen. Orangensaft und Zucker bei mittlerer Hitze unter Rühren erwärmen, bis sich der Zucker aufgelöst hat. Die Lotussamen darin 30 Minuten garen. Die Samen in der Zuckermasse abkühlen und mindestens 1 Tag ziehen lassen.

3. Für das Sorbet die Vanilleschote längs halbieren und das Mark auskratzen. Den Ingwer schälen und fein reiben. Den Limettensaft mit Wasser, Zucker, Kokoscreme, Vanilleschote und -mark und der Limettenschale unter Rühren aufkochen, bis sich der Zucker aufgelöst hat. Den Ingwer unterrühren und die Mischung abkühlen lassen. In einer flachen Schale im Eisfach 30 Minuten anfrieren lassen.

4. Das Halbgefrorene mit dem Mixstab pürieren. Eiweiß zu Eischnee steif schlagen, unterziehen und die Masse ganz gefrieren lassen.

5. Am nächsten Tag den Backofen vorheizen auf 200 °C (Umluft 180 °C, Gas Stufe 3–4). Die Lotussamen mit einer Gabel aus der erstarrten Zuckermasse nehmen, auf einem Backblech ausbreiten und im Backofen 5 bis 10 Minuten rösten. Der Zucker soll antrocknen.

6. Das Sorbet vor dem Servieren 20 Minuten bei Zimmertemperatur antauen und mit Metalllöffeln kleine Kugeln ausstechen. Mit den Lotussamen anrichten.

Zubereitungszeit:
30 Minuten
1 Stunde 30 Minuten am Vortag

Tipp

Wenn Sie keine Limetten erhalten, können Sie stattdessen auch Zitronen, Orangen oder Grapefruits verwenden. Vor allem die rosa Grapefruits liefern ein sehr wohlschmeckendes Sorbet. Kandierte Lotussamen – oder auf die gleiche Weise zubereitete, ungesalzene Erdnüsse – sind eine feine Knabberei.

Einfach

Bananentörtchen

Für 4 Portionen

Für den Mürbteig
- 150 g Mehl
- 50 g Kokosraspeln
- 100 g kalte Butter
- 50 g Zucker
- 1 Eigelb
- 1 EL Wasser

Für den Belag
- 4 gestr. EL Ananaskonfitüre
- 4 kleine Bananen
- 2 Zitronen
- 200 ml Ananassaft
- 1 gestr. TL Kokoscreme
- 1 Päckchen hellen Tortenguss

Außerdem
- Tortelettförmchen (8 cm)
- Alufolie
- getrocknete Hülsenfrüchte

1. Das Mehl sieben. Die Kokosraspeln darunter mischen. Die Butter in kleine Stücke schneiden und mit dem Zucker auf dem Mehl verteilen. Die Masse mit einem langen Messer so lange hacken, bis die Butter vom Mehl aufgesogen ist. Eigelb und Wasser mit einer Gabel unterziehen. Mit kalten Händen einen glatten Teig kneten, zu einer Kugel formen und im Kühlschrank abgedeckt 1 Stunde ruhen lassen.

2. Den Teig vierteln, auf einer bemehlten Fläche ausrollen und Tortelettförmchen damit auskleiden, überstehenden Teigrand abschneiden. Mit einer Gabel den Teig gleichmäßig einstechen. Den Teig mit Alufolie bedecken, mit Hülsenfrüchten beschweren und im vorgeheizten Backofen (200 °C Umluft, Gas Stufe 3–4) 10 bis 12 Minuten blind backen, damit der Teig die gewünschte Form erhält und etwas vorgart. Herausnehmen, abkühlen lassen, Folie und Hülsenfrüchte entfernen.

3. Je 1 Esslöffel Konfitüre auf die abgekühlten Böden streichen. Die Bananen schälen, schräg in 3 bis 4 mm dünne Scheiben schneiden und die Böden damit fächerförmig eng belegen.

4. Die Zitronen auspressen. Den Saft mit Ananassaft und Kokoscreme verrühren und kalt mit Tortenguss andicken. Einmal aufkochen, abkühlen lassen und esslöffelweise die Bananentörtchen mit warmem Guss bepinseln. Kühl stellen.

Zubereitungszeit:
1 Stunde 30 Minuten

Tipp

Wer keine Tortelettförmchen besitzt, backt aus den gleichen Zutaten eine große Torte. Allerdings verlängert sich die Backzeit auf 30 bis 40 Minuten.

Impressum

Die Deutsche Bibliothek –
CIP-Einheitsaufnahme:
Veit, Elisabeth:
Die Küche Vietnams/
Elisabeth Veit. – Augsburg:
Augustus 1999
(Lust auf Genuss)
ISBN 3-8043-6010-6

Augustus Verlag Augsburg
1999
© Weltbild Ratgeber Verlage
GmbH & Co. KG
Alle Rechte vorbehalten

Redaktion: Ute Paul-Prössler
Gestaltung: Ludwig Kaiser
Layout: Andrés Gomez,
Hans Raab
Sämtliche Fotografien:
Ulrich Kerth, München
Druck und Bindung: Offizin
Andersen Nexö, Leipzig
Printed in Germany

ISBN 3-8043-6010-6

Gedruckt auf elementar
chlorfrei gebleichtem Papier

Rezepteregister

Zutatenregister